JÜRGEN WAGNER

NATO-Aufmarsch gegen Russland

© privat

Jürgen Wagner, Jahrgang 1974, ist Politikwissenschaftler und Historiker. Er ist geschäftsführendes Vorstandsmitglied der Tübinger Informationsstelle Militarisierung (IMI) e.V. und Autor zahlreicher Fachartikel zu sicherheitspolitischen Fragen mit u.a. den Schwerpunkten: Militarisierung der EU, NATO-Osterweiterung, aktuelle Kriege.

Jürgen
Wagner

NATO AUFMARSCH GEGEN RUSSLAND

oder wie ein neuer Kalter Krieg entfacht wird

edition berolina

eb edition berolina

ISBN 978-3-95841-056-5

2., aktualisierte und erweiterte Auflage 2017
Alexanderstraße 1
10178 Berlin
Tel. 01805 / 30 99 99
FAX 01805 / 35 35 42
(0,14 € / Min., Mobil max. 0,42 € / Min.)

© 2016 by BEBUG mbH / edition berolina, Berlin
Umschlaggestaltung: buchgut, Berlin
Umschlagabbildung: picture alliance / pixsell
Druck und Bindung: GGP Media GmbH, Pößneck

www.buchredaktion.de

INHALT

Einleitung

Übertriebene Panik ist selten ein guter Berater, aber nach der Lektüre des im Mai 2016 erschienenen Buches *2017 War with Russia* beschleicht einen unweigerlich ein mulmiges Gefühl. In ihm argumentiert Richard Shirreff, der zwischen 2011 und 2014 als stellvertretender Oberkommandeur in Europa einen der höchsten NATO-Posten innehatte, es sei zwar nicht zwingend, aber doch »sehr wahrscheinlich«, dass es zu einem Atomkrieg mit Russland kommen werde. Nur die konsequente Aufrüstung der NATO-Ostflanke könne ein solches Szenario verhindern, so die Schlussfolgerung. Schützenhilfe erhielt er für diese Aussage von zahlreichen Seiten, unter anderem gleich im eigenen Vorwort von seinem ehemaligen Boss. Darin schrieb James Stavridis, der zwischen 2009 und 2013 NATO-Oberkommandierender in Europa war: »Von allen geopolitischen Gefahren, denen sich die Vereinigten Staaten im 21. Jahrhundert gegenübersehen, ist der Wiederaufstieg Russlands unter Präsident Putin die gefährlichste. [...] Unter Präsident Putin hat Russland einen gefährlichen Kurs eingeschlagen. Sollte es ihm erlaubt werden, damit fortzufahren, wird dies zwangsläufig zu einer Kollision mit der NATO führen. Und das wird einen Krieg bedeuten, der schnell auch atomar geführt werden könnte.«[1]

Es liegt auf der Hand, dass ein solches Szenario unter allen Umständen verhindert werden muss – und hierfür ist es notwendig zu verstehen, wie es überhaupt so weit kommen konnte. Dies wirft automatisch auch die Frage nach der Verantwortung der NATO auf, da es sich bei ihr um die zentrale westliche Organisation für alle militärischen Belange im – großzügig definierten – euroatlantischen Raum (Europa, Afrika und Westasien) und damit auch für die Sicherheitspolitik gegenüber Russland handelt. Abhängig davon, an wen diese Frage adressiert wird, fällt die Antwort hierauf sehr unterschiedlich aus. So bemerkte der Leiter der Münchner Sicherheitskonferenz, Wolfgang Ischinger, konsterniert, nachdem russische und westliche Vertreter einmal mehr bei diesem Event heftig aneinandergeraten waren: »Wir scheinen ein anderes Geschichtsbuch aufzuschlagen als die Russen.« Es existiere eine »große Kluft in den Narrativen«, die es nahezu unmöglich mache, zu einvernehmlichen Einschätzungen zu gelangen.[2]

Aus Sicht der NATO trägt Russland die alleinige Schuld, Moskau habe die in Freundschaft ausgestreckte Hand des Westens rüde beiseitegeschlagen und müsse nun eben die Konsequenzen tragen. Mit bestem Wissen und Gewissen habe sich das Bündnis daran gemacht, der Welt nach dem Ende des Kalten Krieges Frieden, Freiheit und Wohlstand zu bringen – und nun habe Russland beschlossen, diese Bestrebungen zu torpedieren. Dass Erfolg bekanntlich im Auge des Betrachters liegt, zeigen Aussagen des hochrangigen NATO-Mitarbeiters Michael Rühle: »Auch nach dem Ende des Ost-West Konflikts blieb die transatlantische Sicherheitsgemeinschaft eine Erfolgsformel: Die Nato-Intervention auf dem Balkan, die den jugoslawischen Zerfallskonflikt beendete, war ebenso ein Beitrag zur Stabilität Europas wie die Nato-Erweiterung, die den neuen Demokratien Mittel- und Osteuropas eine neue sicherheitspolitische Heimat gab. [...] Russlands konfrontative Außen- und Sicherheitspolitik zeigt einmal mehr, dass Geopolitik auch nach dem Ende des Kalten Krieges nicht an Bedeutung eingebüßt hat. Um zu verhindern, dass die eurasische Großmacht ihre europäischen Nachbarn einschüchtern oder gar erpressen könnte, ist ein Gleichgewicht militärischer Optionen notwendig, das Europa als Ansammlung überwiegend kleinerer Staaten nicht aus eigener Kraft herstellen kann.«[3]

In diesem Buch soll diesem »Narrativ« eine deutlich kritischere Sichtweise auf die Rolle des Bündnisses entgegengesetzt werden. Aus diesem Blickwinkel versuchte die NATO, sich unmittelbar nach dem Ende des Kalten Krieges das Gewaltmonopol über große Teile der Welt anzueignen, um hierdurch die westliche Vorherrschaft unter Führung der Vereinigten Staaten zu zementieren. Hierfür wurde umgehend damit begonnen, die Militärallianz zu einem Interventionsbündnis umzubauen, was zu mehreren katastrophal verlaufenen Kriegen führte. Parallel dazu schlug die NATO – unter Missachtung zuvor gegebener Zusagen – einen gezielten Expansionskurs zur Schwächung Russlands ein, der die Grundlage für die tiefe Zerrüttung im westlich-russischen Verhältnis legte.

Diese Phase der NATO-Expansion unter alleiniger US-Vorherrschaft dauerte in etwa bis 2005 an, als sich deutliche Krisensymptome abzeichneten. Vor allem die katastrophal verlaufenen Kriege im Irak und in

Afghanistan und die kurz darauf einsetzende Wirtschafts- und Finanzkrise hatten zu einer massiven machtpolitischen Schwächung der Vereinigten Staaten geführt. Von da ab sahen sie sich schlicht außerstande, die westliche Vorherrschaft im Alleingang weiter aufrechterhalten zu können. Allerspätestens mit dem Georgien-Krieg 2008 wurde dies umso deutlicher, als Russland klar die Bereitschaft unter Beweis stellte, weiteren westlichen Expansionsversuchen unter Umständen auch militärisch zu begegnen. Seither versucht auch Moskau, seine Interessen mit harten machtpolitischen Bandagen durchzusetzen. Aus diesem Grund kann es gerade aus friedens- und antimilitaristischer Sicht nicht darum gehen, die russische Politik von jeder Verantwortung freizusprechen. Allerdings sollten hierbei dennoch Henne und Ei nicht verwechselt werden: Es war die NATO und nicht Russland, die die geopolitischen Auseinandersetzungen mit ihrer Interventions- und Expansionspolitik vom Zaun gebrochen hat. Und es ist deshalb ihre Verantwortung, zuerst wieder die Sprossen der Eskalationsleiter hinabzusteigen, statt mit immer neuen Maßnahmen höher hinaufzuklettern (Kapitel 1).

Jedenfalls erforderte die Kombination der beschriebenen Krisensymptome eine Rekalibrierung der US-Globalstrategie, mit der die zweite Phase im Weg in den »Neuen Kalten Krieg« einsetzte. In diesem Zusammenhang markierte spätestens die Wahl von US-Präsident Barack Obama im November 2008 einen Wendepunkt im Verhältnis der USA zur Europäischen Union. Wurde zuvor in Bestrebungen zum Aufbau eines schlagkräftigen EU-Militärapparates

stets der Versuch erblickt, Washington die Führungsrolle im Bündnis streitig zu machen, setzte nun ein
Umdenken ein. Seither fördern, ja, fordern die USA
größere militärische Beiträge der Verbündeten und
bieten im Gegenzug dafür in einem »Transatlanti-
schem New Deal« an, Macht und Einfluss im Bündnis abzugeben. Auch aus Sicht der EU-Staaten ist
dies durchaus attraktiv, erblicken sie hierin doch die
Chance einer machtpolitischen Aufwertung und die
Möglichkeit zum Aufstieg in die erste Riege der Globalmächte. Außerdem sind die USA ohnehin der einzig »logische« Verbündete im neuen großen Spiel der
Großmächte. Schließlich wird auf beiden Seiten des
Atlantiks das Interesse geteilt, das neoliberale Welt-
wirtschaftsmodell vor der gegenwärtigen »Herausforderung« durch staatskapitalistisch organisierte
Rivalen zu »schützen«, und dieses Konkurrenzver-
hältnis, so soll argumentiert werden, ist aktuell eine
der zentralen Triebfedern im »Neuen Kalten Krieg«.
Anders formuliert: In der Zeit unangefochtener westlicher Vorherrschaft konnte man sich zwischen USA
und EU noch primär über den jeweiligen Anteil am
Kuchen streiten, heute geht es dagegen erstinstanzlich darum, sicherzustellen, dass es überhaupt etwas
zu verteilen gibt (Kapitel 2).

Die Europäische Union wollte dem Drängen der
USA, die sich auf die Eindämmung Chinas (und damit Ostasien) konzentrieren wollten, eine größere
Rolle besonders in ihrer Nachbarschaft zu spielen,
nur allzu gern nachkommen. Hierfür verfolgte sie
eine imperiale Geostrategie, die vor allem auf zwei
Elemente setzte: einmal den neoliberalen Umbau

des Nachbarschaftsraums sowie seine periphere Eingliederung in die westliche Einflusszone. Und zum Zweiten den Aufbau umfassender militärischer Kapazitäten, um diesen Raum auch fest unter Kontrolle bringen zu können, womit sie aber bislang scheiterte. Dies führte spätestens der politisch-militärische Offenbarungseid vor Augen, der im Libyen-Krieg der NATO 2011 geleistet werden musste. Politisch war von einer einheitlichen EU-Militärpolitik nichts zu bemerken, da Frankreich und Großbritannien den Krieg unterstützten, Deutschland aber nicht. In den USA wurde dies als Ausdruck der allgemeinen deutschen »Aversion« gegenüber militärischen Einsätzen gewertet, die erhebliche Zweifel an der Fähigkeit der Verbündeten aufkommen ließ, für eine substantielle Entlastung der USA sorgen zu können oder zu wollen. Verschärft wurde dieser Eindruck dadurch, dass die USA erstmals die Führung einer großen NATO-Operation Frankreich und Großbritannien überließen, die EU-Länder sich aber als unfähig erwiesen, in deren Fußstapfen zu treten. Die USA hatten der EU also das Angebot gemacht, sich den Nachbarschaftsraum wirtschaftlich und militärisch unter den Nagel zu reißen – und die EU hatte dabei auf ganzer Linie versagt (Kapitel 3).

Es gab in dieser Phase mehrere Gründe, weshalb sich die EU außerstande sah, ihren Teil des »Transatlantischen New Deals« zu erfüllen: Generell fiel es allen EU-Verbündeten schwer, gegenüber ihrer Bevölkerung eine Erhöhung der Rüstungsausgaben zu rechtfertigen; dies galt besonders im wirtschafts- und bevölkerungsstärksten Land Deutschland, wo sowohl in der Bevölkerung als auch – einige Zeit zu-mindest – unter den politischen Entscheidungsträ-gern eine große Skepsis gegenüber umfangreichen Militäreinsätzen herrschte; und schließlich war es vor allem Großbritannien, das lange, selbst als die USA hier längst ihren Widerstand aufgegeben hat-ten, »Fortschritte« bei der Bündelung der europäi-schen Militärkapazitäten blockierte. All diese Rah-menbedingungen haben sich in den letzten Jahren fundamental verändert, wodurch der Weg zu ei-ner größeren militärischen Rolle der EU-Staaten in-nerhalb des westlichen Bündnisses geebnet wird. Hier ist zunächst die – maßgeblich von NATO und EU verschuldete – Eskalation der Ukraine-Krise ab November 2013 zu nennen. Seither wird das Feind-bild Russland herangezogen, um nicht »nur« an der NATO-Ostflanke die Konfrontation zu suchen. Auch der Ausbau der militärischen NATO-Präsenz in an-deren Regionen wird – zumindest auch – mit Blick auf ein Russland vorangetrieben. Das Bündnis bringt dies begrifflich damit auf den Punkt, indem es seit ei-niger Zeit kundtut, es verfolge einen »360-Grad-An-satz«. Gerade vor dem Hintergrund der weiterhin hochgerüsteten Atomwaffenarsenale beider Seiten birgt diese Situation ein absolut inakzeptables Eska-lationspotential. Dennoch existieren kaum Initiati-ven, zu einer Entspannung der gnadenlos verfahre-nen Lage zu gelangen. Stattdessen richtet man sich auf eine dauerhafte und machtpolitisch hart geführte Auseinandersetzung mit Russland ein. So bezeichnete etwa der britische Vize-Kommandeur der NATO für Europa, Adrian Bradshaw, Russland nicht nur als eine

»offensichtliche und existentielle Bedrohung«, sondern prognostizierte auch noch eine »Ära andauernder Konfrontation mit Russland«.[4] (Kapitel 4, 5 und 6)

Die zweite wichtige Entwicklung, die den »Neuen Kalten Krieg« anheizt, besteht darin, dass auch die Bundesregierung zu allem Überfluss beschlossen hat, militärisch künftig buchstäblich an vorderster Front mitspielen zu wollen. Vorbereitet im Elitenprojekt »Neue Macht – Neue Verantwortung«, wurde der offizielle Startschuss dafür bei den Auftritten von Verteidigungsministerin Ursula von der Leyen, Außenminister Frank-Walter Steinmeier und vor allem von Bundespräsident Joachim Gauck bei der Münchner Sicherheitskonferenz Anfang 2014 gegeben. Ihre Forderung, die vielkritisierte »Kultur der militärischen Zurückhaltung« müsse einer Politik weichen, die mehr militärische »Verantwortung« schultert, ist spätestens mit der Verabschiedung des *Weißbuchs der Bundeswehr* im Juli 2016 zur offiziellen Regierungspolitik geworden. Unterstellt man einmal, dass die Bundesregierung keine Politik im Sinne der Mehrheit der Bevölkerung, sondern in dem der wichtigsten deutschen Unternehmen betreibt, geschieht dieser Schwenk aus purem Eigeninteresse – und nicht etwa weil man, wie teils in den Raum gestellt wird, ein Vasall der USA sei. Im Wissen, dass die USA mit ihren weitgehend deckungsgleichen neoliberalen Ordnungsvorstellungen als einzig logischer Partner in Frage kommen, aber den Erhalt des Systems nicht mehr allein gewährleisten können, sieht man keine andere Alternative, als ihnen militärisch stärker unter die Arme zu greifen. Zumal man sich hiervon zusätzlich auch einen weiteren weltpolitischen Aufstieg verspricht. Aus diesem Grund spielt Deutschland auch eine führende Rolle bei der aktuellen NATO-Großoffensive, wie nicht zuletzt beim NATO-Gipfeltreffen im Juli 2016 deutlich wurde. Pointiert formuliert: Der Leitspruch »Nie wieder Krieg!« wurde ad acta gelegt, heute lautet die Losung »Nie wieder Krieg ohne uns!« (Kapitel 7).

Der dritte und vorläufig letzte »begünstigende« Militarisierungsfaktor besteht in den deutlich »verbesserten« Aussichten, substantielle »Fortschritte« bei der Militarisierung der Europäischen Union erzielen zu können. Ermöglicht wird dies durch den anstehenden EU-Austritt Großbritanniens, das bislang fast alle wesentlichen Initiativen in diese Richtung blockiert hat. Deshalb wurde nicht lange nach dem Brexit-Votum im Juni 2016 ein überaus ambitioniertes Militarisierungspaket (»Bratislava-Agenda«) vorgelegt, mit dem sich EUropa im »Neuen Kalten Krieg« an der Seite der USA stärker einbringen will. Besonders bedrohlich ist in diesem Zusammenhang, dass sich analog zur militärischen Blockbildung über die NATO auch im Wirtschaftsbereich die Fronten verhärten. Wesentlich hierfür soll das »Transatlantische Partnerschafts- und Investitionsabkommen« (TTIP) werden, mit dem der neoliberale Westen die Absicht verfolgt, sich »besser« gegen die staatskapitalistischen Herausforderer im Ringen um Macht, Einfluss und Profite in Stellung zu bringen (Kapitel 8).

Wie genau sich in diesem Zusammenhang die Wahl Donald Trumps auf die Zukunft der transatlantischen Beziehungen auswirken wird, lässt sich unmittelbar nach seiner Wahl zum nächsten US-Präsidenten am 8. November 2016 nur schwer sagen. Obwohl er im Wahlkampf eher durch vage und manchmal widersprüchliche außen- und militärpolitische Positionen auffiel, plädierte Trump an zumindest zwei Stellen konsistent für einen Bruch mit früheren Regierungen wie auch mit dem Programm seiner Kontrahentin Hillary Clinton: Erstens sprach er sich für einen moderateren Kurs gegenüber Russland aus; und zweitens präsentierte er sich als vehementer TTIP-Gegner. Trump kündigte also die Absicht an, mit zwei Kernelementen der bisherigen US-Strategie im Neuen Kalten Krieg brechen zu wollen. Allerdings wird auch er seine Politik nicht im luftleeren Raum gestalten können. Und ob er seine Pläne, selbst wenn sie ernst gemeint sein sollten, gegen den nahezu geschlossenen Widerstand des US-Kapitals wird durchsetzen können, bleibt abzuwarten.

Eines lässt sich aber bereits jetzt mit einiger Sicherheit sagen: Die schon von den Vorgängern immer wieder angemahnte »fairere« Lastenteilung in Form höherer EU-Rüstungsausgaben und militärischer Kapazitäten dürfte von Trump in ungleich schärferer Form als bislang eingefordert werden. Schließlich drohte er mehrfach an, hiervon das weitere US-Engagement in der NATO abhängig machen zu wollen. So äußerte er sich in einer Grundsatzrede im April 2016: »Unsere Verbündeten müssen sich an den finanziellen, politischen und menschlichen Kosten unserer enormen Sicherheitsbelastungen beteiligen. Viele von ihnen tun dies jedoch einfach nicht. […] Die Länder, die wir verteidigen, müssen für die Kosten hierfür bezahlen – sollten sie dies nicht tun, müssen die USA bereit sein, diese Länder sich selbst verteidigen zu lassen.«[5]

Aus verständlichen Gründen hielt sich die Begeisterung über Trumps Wahlsieg in den Chefetagen auf der anderen Seite des Atlantiks in engen Grenzen. Eine Ansage dürfte aber nur allzu willig aufgenommen werden – nämlich, dass die EU-Länder mehr Geld in die Rüstung pumpen sollen. Schließlich liegt dies ohnehin voll auf Linie, und Trump liefert hier nur weitere »Sachzwänge«, mit denen dies gegenüber der Bevölkerung gerechtfertigt werden kann. Noch am Wahlabend äußerte sich Verteidigungsministerin Ursula von der Leyen zur Möglichkeit höherer Rüstungsausgaben: »Dieser Trend hat sich schon abgezeichnet vor der Wahl, und es war uns auch immer völlig klar [...], unabhängig davon, wie die Präsidentschaftswahl in den USA ausgehen wird: Europa muss sich darauf einstellen, dass es besser selber vorsorgt [...], deshalb auch mein Vorstoß mit den französischen Kollegen, dass wir stärker in eine Europäische Sicherheits- und Verteidigungsunion investieren müssen.«[6]

Wie beim Brexit könnte sich der weitere Ausbau des EU-Militärapparats als ein Kollateralnutzen der Trump-Wahl herausstellen. Dies könnte sogar zu einer deutlichen Verschiebung des bisherigen transatlantischen Koordinatensystems führen, indem Washingtons bisherige Rolle als Motor der NATO-Macht- und Militärpolitik künftig in substantiellen Teilen von Brüssel beziehungsweise Berlin übernommen werden könnte. Sollte sich dies bewahrheiten, wird das

Gesicht der EU und insbesondere Deutschlands noch einmal deutlich militaristischere Züge annehmen, weshalb es dringend erforderlich sein wird, dass die Friedens- und Antikriegsbewegung die Rolle dieser beiden Akteure künftig noch stärker als bislang in den Blick nimmt.

1. US-NATO-Strategie: Intervention – Expansion – Kollision

Der erste NATO-Generalsekretär, Lord Ismay, soll einmal zu Protokoll gegeben haben, die NATO sei gegründet worden, »um die Amerikaner [in Europa] drinnen-, die Deutschen unten- und die Russen rauszuhalten«[7]. Damit waren das Koordinatensystem des Kalten Krieges und die daraus abgeleitete Interessenskonstellation ziemlich exakt beschrieben: Das Ziel des Bündnisses bestand demzufolge darin, zum Sieg des westlich-kapitalistischen Blocks unter Führung der Vereinigten Staaten über die Sowjetunion beizutragen, wobei es gleichzeitig galt, das deutsche Machtstreben einzudämmen.

Die Vorherrschaft im internationalen System ist natürlich kein Selbstzweck, sie bringt buchstäblich Profite. Bereits über ein Jahr, bevor die NATO im April 1949 gegründet wurde, beschrieb die damals streng geheime »Policy Planning Study 23« (PPS/23) der USA vom 28. Februar 1948, zu welchem Zweck dies geschah: »Wir besitzen etwa 50 Prozent des Reichtums dieser Welt, stellen aber nur 6,3 Prozent seiner Bevölkerung. [...] In einer solchen Situation kommen wir nicht umhin, Neid und Missgunst auf uns zu lenken. Unsere eigentliche Aufgabe in der nächsten Zeit besteht darin, eine Form von Beziehungen zu finden, die es uns erlaubt, diese Wohlstandsunterschiede ohne ernsthafte Abstriche an unserer nationalen Sicherheit beizubehalten. Um das zu erreichen, werden wir auf alle Sentimentalitäten und Tagträumereien verzichten müssen; und wir werden unsere Aufmerksamkeit überall auf unsere ureigensten, nationalen Vorhaben konzentrieren müssen. Wir dürfen uns nicht vormachen, dass wir uns heute den Luxus von Altruismus und Weltbeglückung leisten könnten. [...] Wir sollten aufhören, von vagen [...] unrealistischen Zielen wie Menschenrechten, Anhebung von Lebensstandards und Demokratisierung zu reden. Der Tag ist nicht mehr fern, an dem unser Handeln von nüchternem Machtdenken geleitet sein muss. Je weniger wir dann von idealistischen Parolen behindert werden, desto besser.«[8]

Vor allem der Stärke der Sowjetunion war es geschuldet, dass den westlichen Möglichkeiten, die eigenen Interessen gewaltsam durchzusetzen, lange relativ enge Grenzen gesetzt waren und das Aktionsfeld der NATO deshalb im Großen und Ganzen auf das Bündnisgebiet beschränkt blieb.[9] Das Ende der Blockkonfrontation Anfang der 1990er Jahre ebnete dann aber den Weg für eine offensive Neuausrichtung des Bündnisses, wobei die grundlegenden Ziele der USA unverändert blieben, nun aber deutlich zielstrebiger umgesetzt werden konnten. Spätestens mit dem Angriffskrieg gegen Jugoslawien 1999 wurden schließlich Militäreinsätze außerhalb des Bündnisgebietes (»Out-of-Area«) zur Kernaufgabe der NATO erklärt. Auch beim folgenden NATO-Einsatz in Afghanistan (ab 2001) sowie dem außerhalb des Bündnisrahmens durchgeführten Irak-Krieg (ab 2003) ging es nicht zuletzt auch darum, die USA beziehungsweise die NATO als Träger des Gewaltmonopols über große Teile der Welt zu etablieren. Vor allem sollten die Vereinten Nationen, in denen Russland und China mit ihren Vetorechten im Sicherheitsrat über substantielle Mitspracherechte bei Militärinterventionen verfügen, zur Bedeutungslosigkeit verdammt werden.

Parallel dazu begann die NATO unter Bruch zuvor gegebener Zusagen, einen gezielten Expansionskurs zur Schwächung Russlands einzuschlagen, der sich vor allem in zwei Erweiterungsrunden des Bündnisses niederschlug. So konstatiert der mit besten Kontakten zur CIA ausgestattete private Nachrichtendienst »Strategic Forecasting« (*Stratfor*) nüchtern: »Nach dem Fall der Sowjetunion startete der Westen eine geopolitische Offensive in Russlands Hinterhof und war dabei überaus erfolgreich.«[10]

No-Rivals-Plan: Strategie der US-Vorherrschaft

Unmittelbar nach dem – vermeintlichen muss man wohl heute sagen – Ende des Kalten Krieges wurden in den USA intensive Überlegungen angestellt, wie auf die neue Situation zu reagieren sei. Vor diesem Hintergrund gab der damalige US-Verteidigungsminister, Dick Cheney, ein Papier in Auftrag, das die Ausarbeitung einer künftigen US-Globalstrategie zum Inhalt haben sollte. Unter Aufsicht seines Unterstaatssekretärs für Verteidigung, Paul Wolfowitz, wurde das Dokument dann von Lewis Libby und Zalmay Khalilzad verfasst, alles Personen, die in der späteren Bush-Administration ab 2001 noch einmal führende Rollen im »Krieg gegen den Terror« spielen sollten. Heraus kam mit der »Defense Planning Guidance« (auch: »No-Rivals-Plan«) ein Dokument, das vor allem aus zwei Gründen von überragender Bedeutung ist. Einerseits förderte vor allem ein im März 1992 an die Öffentlichkeit gelangter Entwurf noch deutlicher als spätere im Ton, wenn auch nicht in der Substanz, etwas glattgebügelte Versionen die US-Vormachtambitionen ungeschminkt zutage. Und zum anderen gilt es als nahezu unbestritten, dass die Kernthesen des No-Rival-Plans fortan die US-amerikanische Politik – und aufgrund der entscheidenden Rolle Washingtons im Bündnis damit auch die der NATO – bestimmten. Dies trifft sowohl für die demokratische Clinton-Administration (1993–2001) und selbstredend auch für die Regierung von George W. Bush (2001–2009) zu.

Die »Defense Planning Guidance« (DPG) formulierte zwei Hauptziele der US-Politik nach dem Kalten Krieg: »Unser erstes Ziel ist, den (Wieder-)Aufstieg eines neuen Rivalen zu verhüten, sei es auf dem Gebiet der früheren Sowjetunion oder anderswo, der eine Bedrohung der Größenordnung darstellt, wie früher die Sowjetunion. Das ist eine beherrschende Überlegung, die der neuen Verteidigungsstrategie für die Region zugrunde liegt. Dies erfordert, dass wir versuchen müssen zu verhüten, dass irgendeine feindliche Macht eine Region dominiert, deren Ressourcen – unter gefestigter Kontrolle – ausreichen würden, eine Weltmachtposition zu schaffen. Zu diesen Regionen gehören Westeuropa, Ostasien, die Gebiete der ehemaligen Sowjetunion und Südwestasien. [...] Wir müssen den Interessen der fortgeschrittenen industrialisierten Staaten weit genug entgegenkommen, um sie davon abzuhalten, unsere Führungsrolle anzuzweifeln oder die etablierte politische und wirtschaftliche Ordnung zu stürzen. [...] Das zweite Ziel besteht darin, die Ursachen regionaler Konflikte und Instabilität in einer Weise anzugehen, die einen wachsenden Respekt vor dem Völkerrecht, eine Begrenzung internationaler Gewalt und die Ausweitung demokratischer Regierungsformen und offener wirtschaftlicher Systeme fördert.«[11]

Aus Sicht des No-Rivals-Plans galt es also, die US-Vorherrschaft nicht allein gegen »Rivalen« wie Russland oder China zu »verteidigen«, sondern auch gegen Verbündete wie die EU-Staaten. Gleichzeitig sollte die neoliberale Weltwirtschaftsordnung über die »Ausweitung offener wirtschaftlicher Systeme« gefördert werden. Für diese Aufgaben wurde vom No-Rivals-Plan die NATO zum wesentlichen Instrument auserkoren: »Die NATO liefert weiterhin die unverzichtbare Grundlage für ein stabiles Sicherheitsumfeld in Europa. Deshalb ist es von zentraler Bedeutung, die NATO als das vorrangige Instrument westlicher Sicherheit und Verteidigung und als den Kanal für die US-Einflussnahme und die Einbeziehung in europäische Sicherheitsfragen zu erhalten. Während die USA das Ziel einer europäischen Integration befürwortet, müssen wir das Entstehen ausschließlich europäischer Sicherheitsarrangements, die die NATO unterminieren würden, verhindern.«[12]

Schon auf dem NATO-Gipfeltreffen in Rom im November 1991 wurde ein neues Strategisches Konzept verabschiedet. Die vom Ostblock ausgehende »berechenbare« Gefahr sei nunmehr durch »multidirektionale« Bedrohungen ersetzt worden, hieß es darin. Hierzu wurde seinerzeit bereits die Proliferation, also die Verbreitung von Massenvernichtungsmitteln, Terrorismus, aber auch die Unterbrechung wichtiger Rohstoffströme gezählt.[13] Schon damals zeichnete sich ab, dass die NATO bestrebt war, sich zur alleinigen »Hüterin« der (neoliberalen) Weltordnung aufzuschwingen. So schrieb Patrick Keller von der Konrad-Adenauer-Stiftung in einem Aufsatz für das NATO-Verteidigungskolleg: »Im weitesten Sinne ist die NATO heute die Schutzmacht der Globalisierung. Indem sie [...] Sicherheit und Stabilität in wichtige Weltregionen projiziert, fördert und schützt die NATO gleichzeitig den Prozess der Modernisierung und Liberalisierung.«[14]

Der »Siegeszug« des Neoliberalismus mit seiner Fixierung auf eine maximale Durchsetzung der Marktkräfte war allerdings kein Selbstläufer. Er wurde der sogenannten Dritten Welt vor allem über die westlich dominierten Organisationen wie IWF, Weltbank und WTO aufgenötigt, wobei stets dasselbe Programm abverlangt wurde: Privatisierung, Deregulierung, Abbau staatlicher Sozialleistungen, Öffnung der Märkte beziehungsweise Freihandel etc. Dabei ist es heute weitgehend unstrittig, dass diese Politik zu einer massiven Verarmung weiter Teile der Weltbevölkerung geführt hat[15], was auch entscheidende Auswirkungen auf die Frage von Krieg und Frieden in der Welt hat.

Denn entgegen dem gängigen Mediendiskurs sind nicht Habgier, ethnische beziehungsweise religiöse Konflikte oder ähnlich der ausschlaggebende Faktor für den Ausbruch von Bürgerkriegen in der sogenannten Dritten Welt, sondern Armut. Der Friedensforscher Michael Brzoska schreibt hierzu: »Wenn heute in der westlichen Welt von Kriegsgefahr die Rede ist, entsteht oft der Eindruck, sie ginge von irrationalen Einzelnen aus. Dabei ist in der Kriegsursachenforschung unumstritten, dass Armut der wichtigste Faktor für Kriege ist. Armut steht als Indikator für wirtschaftliche als auch für soziale Benachteiligung, bis hin zum Mangel an Möglichkeiten, das eigene Leben in Würde zu gestalten. Die Kriege der Zukunft werden immer häufiger Kriege um Wohlstand und Würde sein – und zumindest jenen, die sie betreiben, rational erscheinen.«[16] Selbst die Weltbank gelangte in einer bemerkenswerten Studie aus dem Jahr 2003 zu dem Ergebnis: »Empirisch ist das auffälligste Muster, dass sich Bürgerkriege besonders auf arme Staaten konzentrieren. Krieg verursacht Armut, aber wichtiger noch für diese Konzentration ist, dass Armut die Wahrscheinlichkeit von Bürgerkriegen erhöht. Somit kann unser zentrales Argument bündig zusammengefasst werden: Die zentrale Konflikturschache (central root cause of conflict) ist das Scheitern ökonomischer Entwicklung.«[17]

Da aber aus offensichtlichen Gründen keine Bereitschaft existiert, dieses Wirtschaftssystem, von

dem primär der Westen beziehungsweise seine Groß-
konzerne profitieren, grundlegend in Frage zu stellen, bleibt aus westlicher Sicht wenig anderes übrig,
als den Versuch zu unternehmen, den hierdurch ent-
stehenden Dampfkessel der Globalisierungskonflikte
notdürftig militärisch unter Kontrolle zu halten. So
schreibt Birgit Mahnkopf: »Mit der Erweiterung des
Sicherheitsbegriffs, den die NATO [...] Anfang der
90er Jahre vorgenommen hat, wurde der Nord-Süd-
Konflikt, der zweifellos viel mit fehlender globaler
Gerechtigkeit und wachsender globaler Ungleichheit der Lebenschancen zu tun hat, als ein ›globales
Sicherheitsproblem‹ re-interpretiert. [...] Die Mächte
der kapitalistischen Ordnung versuchen die Unord-
nung, die in der Reproduktionsstruktur des globalen
Systems vor allem durch die Ökonomie erzeugt und
durch den Markt externalisiert wird, unter Einsatz
politischer und militärischer Macht zu beseitigen.«[18]
Konkret entschied die NATO bereits im Juni 1992,
fortan auf Ersuchen auch Einsätze der KSZE (heute: OSZE) zu übernehmen, selbst wenn diese außerhalb des Bündnisgebietes (»Out-of-Area«) stattfin-
den sollten. Ende 1992 wurde dieser Beschluss auch
auf Einsätze der Vereinten Nationen ausgedehnt.
Klammheimlich war damit der Schritt vom Vertei-
digungs- zum Interventionsbündnis vollzogen. Ab
1992 wurde die neue Interventionsstrategie mit der
Kontrolle des Waffenembargos gegen Jugoslawien in
die Praxis umgesetzt. Es folgten zahlreiche weitere
Einsätze, unter anderem 1994 Luftwaffen-Kampfein-
sätze in Bosnien-Herzegowina. Im Dezember 1995
übernahm die NATO das Kommando über die Imple-

mentation Force (IFOR, später SFOR), die das Land mit zwischenzeitlich bis zu 60.000 Soldaten besetzte.

Den »krönenden Abschluss« dieser Entwicklung stellten dann der im März 1999 begonnene NATO-Angriffskrieg gegen Jugoslawien und die nahezu zeitgleiche Verabschiedung einer neuen NATO-Strategie dar. In ihr wurden Out-of-Area-Einsätze zur neuen Kernaufgabe des Bündnisses erklärt und der soeben vom Zaun gebrochene Angriffskrieg als Präzedenzfall hierfür angeführt: »Die NATO [wird] in Zusammenarbeit mit anderen Organisationen darum bemüht sein, Konflikte zu verhüten oder, sollte eine Krise auftreten, in Übereinstimmung mit dem Völkerrecht zu deren wirksamer Bewältigung beitragen, einschließlich durch die Möglichkeit der Durchführung von nicht unter Artikel 5 fallenden Krisenreaktionseinsätzen. [...] In diesem Zusammenhang erinnert das Bündnis an seine späteren Beschlüsse in Bezug auf Krisenreaktionseinsätze auf dem Balkan.«[19]

An diesen Formulierungen ist einerseits bemerkenswert, dass im seit 1949 unveränderten NATO-Vertrag keine Rede von irgendwelchen Militärinterventionen außerhalb des Bündnisgebietes ist. Aus diesem Grund ließ man sich in der NATO-Strategie die sogenannten Nicht-Artikel-5-Einsätze einfallen. Die NATO schrieb sich also das Recht auf die Fahne, Kriegseinsätze durchzuführen, für die es streng genommen keinerlei vertragliche Grundlage gibt. Mit der »Erinnerung« an die Einsatzpraxis auf dem Balkan wurde wiederum untermauert, sich auch bei künftigen Einsätzen nicht an ein Mandat der Vereinten Nationen gebunden zu fühlen. Spätestens zu diesem Zeitpunkt war klar, dass die NATO in einem atemberaubenden Tempo von einem Verteidigungs- zu einem Kriegsführungsbündnis mutiert war.

JUGOSLAWIEN: DIE NEOLIBERALE EROBERUNG DER SÜDOSTFLANKE

Als offizielles Argument für den im März 1999 begonnenen NATO-Angriffskrieg gegen Jugoslawien wurde die Behauptung ins Feld geführt, im Kosovo finde ein Völkermord an der kosovo-albanischen Bevölkerung durch serbisch dominierte jugoslawische Truppen statt. Allerdings entpuppten sich alle »Beweise« hierfür – etwa das Massaker von Račak oder der Hufeisenplan – als dreiste Kriegslügen, die nicht zuletzt von deutscher Seite dennoch unermüdlich bemüht wurden, um die Intervention zu rechtfertigen. Tatsächlich lautete die Tagesmeldung des Amtes für Nachrichtenwesen der Bundeswehr noch zwei Tage vor Beginn der Bombardierungen folgendermaßen: »Tendenzen zu ethnischen Säuberungen sind weiterhin nicht zu erkennen.«[20]

Es spricht vieles dafür, dass man auf NATO-Seite diesen Krieg unter allen Umständen führen wollte, wofür drei Gründe ausschlaggebend gewesen sein dürften:

1. *Präzedenzfall Angriffskrieg:* Wie bereits angedeutet, dürfte im Zentrum der Überlegungen das Bestreben gestanden haben, die sich bietende Gelegenheit zur praktischen Umsetzung der NATO-Interventionsambitionen nicht ungenutzt verstreichen zu lassen.

Dabei ging es augenscheinlich nicht zuletzt auch darum, sich Interventionsoptionen zu erschließen, die nicht länger durch das Vetorecht Russlands und Chinas im UN-Sicherheitsrat verhindert werden konnten. Das legen zumindest Aussagen von Klaus Naumann nahe, der von 1996 bis 1999 Vorsitzender des NATO-Militärausschusses war: »Wir haben ihnen [während des Kosovo-Krieges] gezeigt, dass sie keine Chance haben, Interventionen der NATO durch ein Veto Russlands zu behindern. Und ich hoffe, Moskau hat das verstanden.«[21] Natürlich war allen Beteiligten völlig klar, dass es sich bei diesem Vorgehen der NATO um einen eklatanten Bruch des Völkerrechts handelte, das Militärinterventionen nur dann vorsieht, wenn ein Land unmittelbar zuvor angegriffen wurde oder wenn ein Mandat des UN-Sicherheitsrates vorliegt. Beides war beim Angriffskrieg gegen Jugoslawien nicht der Fall, weshalb das Bündnis im Nachhinein bemüht war, mittels einer eigens einberufenen Kommission, sein Handeln mit der Formel, die Intervention sei »illegal, aber legitim«[22] gewesen, mehr schlecht als recht notdürftig zu rechtfertigen.

2. *Eroberung der Südostflanke:* Ein weiteres Motiv dürfte darin bestanden haben, das Einflussgebiet der NATO (und damit nicht zuletzt der USA) substantiell zu erweitern. In diese Richtung argumentiert etwa Heinz Brill, ehemals Dozent an der Stabsakademie der Bundeswehr in Hamburg: »Vor diesem Hintergrund erscheint das von vielen Seiten als ein zentrales Motiv des Kosovo-Krieges ausgemachte Interesse der USA an einer strategi-

schen Neupositionierung der NATO auf dem eurasischen Kontinent und in seiner Peripherie in seiner gesamten Tragweite. Wenn der politische Einfluss und die militärische Macht der USA – wie Brzezinski schreibt – erst durch die NATO ›unmittelbar‹ auf dem eurasischen Festland verankert wird, leitet sich daraus die logische Schlussfolgerung ab, dass eine durch die Beseitigung des jugoslawischen Riegels erleichterte Ausdehnung des europäischen Geltungsbereiches der NATO zwangsläufig auch die direkte Einflusssphäre der USA erweitern würde.«[23]

3. *Neoliberales Pilotprojekt:* Ein letztes Motiv ergab sich aus der Absicht, aus dem Kosovo eine Art Vorzeigeprojekt neoliberaler Ordnungspolitik zu machen. Schritt Eins bestand darin, den »jugoslawischen Riegel«, der dem Vormarsch des neoliberalen Systems auf dem Balkan im Wege stand, aufzubrechen. Dies legen jedenfalls Aussagen von Strobe Talbott nahe, seinerzeit stellvertretender Außenminister der USA: »Während die Länder überall in der Region ihre Volkswirtschaften zu reformieren, ethnische Spannungen abzubauen und die Zivilgesellschaft zu stärken versuchten, schien Belgrad Freude daran zu haben, beständig in die entgegengesetzte Richtung zu gehen. Kein Wunder, dass die NATO und Jugoslawien schließlich auf Kollisionskurs gingen. Der Widerstand Jugoslawiens gegen den umfassenden Trend zu politischen und wirtschaftlichen Reformen – und nicht die Bitte der Kosovo-Albaner – bietet die beste Erklärung für den Krieg der NATO.«[24]

Schritt Zwei setzte dann nach dem Waffenstillstand vom 10. Juni 1999 ein, in dessen Folge der Kosovo von zwischenzeitlich mehr als 50.000 NATO-Soldaten faktisch in ein westliches Protektorat verwandelt wurde. Mit nahezu unbeschränkten Befugnissen ausgestattet, machten sich die westlichen Besatzungsbehörden unmittelbar daran, das kosovarische Wirtschaftssystem entlang neoliberaler Vorgaben zu reorganisieren. Nach der westlich betriebenen Abspaltung von Serbien endete die »Unabhängigkeit unter internationaler Überwachung« offiziell am 10. September 2012. Allerdings sorgt das bereits damals in Verhandlung befindliche, im Oktober 2015 unterzeichnete und im April 2016 in Kraft getretene »Stabilisierungs- und Assoziierungsabkommen« (SAA) zwischen dem Kosovo und der EU dafür, dass sämtliche neoliberalen Umbaumaßnahmen mit verheerenden Folgen weiter in Kraft bleiben: »Kosovo gilt zugleich als wirtschaftsliberalster Platz in Europa und als Armenhaus des Kontinents.«[25] Als Resultat leben 29,7 Prozent der kosovarischen Bevölkerung unterhalb der Armutsgrenze, die Arbeitslosenquote beläuft sich auf 35,1 Prozent und bei den 15- bis 24-Jährigen auf erschreckende 60,2 Prozent.[26]

Parallel dazu stellen die bis heute im Land stationierten KFOR-Truppen der NATO (4.559, Stand: Juni 2016) sicher, dass Proteste der immer unzufriedener werdenden Bevölkerung notfalls gewaltsam gedeckelt werden können. Dies zeigen Aussagen von Oberst Hans-Jürgen Freiherr von Keyserlingk, Kommandeur des 43. deutschen Einsatzkontingentes KFOR, der zum Sinn einer Aufstandsbekämpfungsübung im März 2016 auf der Internetseite des deutschen Heeres folgendermaßen zitiert wird: »Oberst Freiherr von Keyserlingk begründet eindringlich die Notwendigkeit derartiger Übungen: ›Nach vielen ruhigeren Jahren hat die politische Instabilität des Kosovo in den vergangenen Monaten wieder zugenommen.‹ Große Teile der Jugend seien arbeits- und hoffnungslos, eine legale Ausreise faktisch unmöglich. Wiederholt seien in den letzten Wochen und Monaten friedliche Demonstrationen der Opposition in Gewalt ausgeartet. ›Die Wahrscheinlichkeit einer Eskalation ist merklich gestiegen‹, so der Oberst. Generalleutnant Jacobson teilt diese Einschätzung des Obersten und resümiert zum Ende seines Besuches: ›Die KFOR ist jederzeit in der Lage, auf Veränderungen im Kosovo angemessen, schnell und präzise zu reagieren.‹«[27]

LACKMUSTEST AFGHANISTAN – KRIEG OHNE ENDE

Erstmalig rief die NATO nach den Anschlägen des 11. September 2001 in den USA den Bündnisfall nach Artikel 5 aus. Obwohl sich hieraus keine militärische Beistandspflicht ergibt –es ist jedem NATO-Land selbst überlassen, in welcher Form es sich solidarisch zeigen will –, marschierte eine von den USA geführte Ad-hoc-Militärkoalition unter Beteiligung zahlreicher NATO-Verbündeter im Oktober 2001 in Afghanistan ein. Als Begründung wurde angeführt, das Land habe Al-Qaida und ihrem Oberhaupt, Osama bin Laden, der beschuldigt wurde, Urheber der Anschläge gewesen zu sein, Unterschlupf gewährt. Angebote der damals herrschenden Taliban, bin Laden auszuliefern, wurden ignoriert.[28]

Im August 2003 übernahm die NATO mit ihrer »Internationalen Schutztruppe« (International Security Assistance Force, ISAF) die Führung in Afghanistan. Mit zeitweise über 130.000 Soldaten wurde das Land in der Folge zum zentralen Schauplatz, auf dem die NATO ihre Fähigkeit unter Beweis stellen wollte, ein Krisengebiet nachhaltig unter Kontrolle bringen zu können. Glaubt man dem »Fortschrittsbericht Afghanistan« der Bundesregierung, so wurden in den über 15 Jahren Krieg und Besatzung in allen relevanten Bereichen – Menschenrechte und Demokratie, Wohlstand und Wirtschaftswachstum sowie Sicherheit – trotz verbleibender Probleme große Erfolge erzielt.[29] Bei näherer Betrachtung lässt sich allerdings feststellen, dass das Bündnis – zumindest gemessen an den selbstgesteckten offiziellen Zielen – bei diesem Einsatz krachend gescheitert ist.

1. *Menschenrechte und Demokratie:* Nicht umsonst wird Afghanistan häufig als »defekte Demokratie« oder auch als »Fassadendemokratie« bezeichnet. So gab es etwa seit 2001 keinen Urnengang, bei dem es nicht zu massiven Wahlfälschungen gekommen wäre. Doch auch was die Menschenrechte anbelangt, zeichnet der Afghanistan-Bericht 2016 von »Amnesty International« ein überaus düsteres Bild: »Das Ministerium für Frauenangelegenheiten registrierte von März bis Dezember 2015 Tausende Fälle von Gewalt gegen Frauen.

Es herrschte weiterhin ein Klima der Straflosigkeit. Menschenrechtsverteidiger wurden von verschiedenen Seiten bedroht, eingeschüchtert und gewaltsam angegriffen. Die Behörden gingen entsprechenden Fällen nicht nach und zogen die Täter nicht zur Rechenschaft. Journalisten und Menschenrechtsverteidiger äußerten die Befürchtung, dass eine vom Parlament beschlossene Reform des Gesetzes über Massenmedien das Recht auf freie Meinungsäußerung noch weiter untergraben könnte. Die Todesstrafe wurde weiterhin verhängt, oft nach unfairen Verfahren.«[30]

2. *Wohlstand und Wirtschaftswachstum:* Wie schon zuvor der Kosovo, wurde auch Afghanistan während der NATO-Besatzung einem umfangreichen neoliberalen Umbauprogramm unterworfen – und auch die Ergebnisse sind nicht unähnlich. Um nur ein Beispiel zu nennen, wurde der Marktzugang für ausländische Produkte erheblich vereinfacht, unter anderem indem die durchschnittlichen Zölle auf Importwaren von vormals 43 Prozent auf später 5,3 Prozent gesenkt wurden. Hierdurch fällt es einheimischen Waren aber immer schwerer, im Land Käufer zu finden – im Ausland sind sie dazu ohnehin nicht in der Lage, wie selbst das Auswärtige Amt im April 2016 einräumte: »Afghanistan ist nach wie vor eines der ärmsten Länder der Welt und belegt im ›Human Development Index‹ (HDI) den 169. Platz unter 187 Staaten (Stand 04/2016). [...] Afghanische Produkte [sind] bisher auf internationalen sowie regionalen Märkten kaum wettbewerbsfähig.«[31] Hieraus resultiert ein hor-

rendes Handelsbilanzdefizit – 7,1 Mrd. Dollar im Jahr 2014 –, das dem Staat, selbst wenn es gewollt wäre, jedwede Spielräume raubt, an der katastrophalen sozialen Lage der Bevölkerung substantiell etwas zu verbessern: »Ca. 7,4 Millionen der offiziell etwa 26 Mio. Einwohner leiden unter akutem Nahrungsmangel, weitere 8,5 Mio. sind davon bedroht. 60 Prozent der Kinder sind mangelhaft ernährt. Nur 27 Prozent der Bevölkerung haben Zugang zu sauberem Trinkwasser, fünf Prozent zu hygienischen Sanitäreinrichtungen.«[32]

3. *Sicherheit:* Keinem NATO-Krieg fielen bislang mehr Menschen zum Opfer – allein 3.505 Soldaten des westlichen Bündnisses ließen bei den Auseinandersetzungen am Hindukusch ihr Leben.[33] Diese Zahlen verblassen allerdings, wenn man sich die afghanische Seite betrachtet. Selbst nach den offiziellen UN-Erhebungen kamen dort allein zwischen 2009 und 2015, vorher wurden überhaupt keine Zahlen erhoben, 21.323 Zivilisten bei Kampfhandlungen ums Leben, weitere 37.413 wurden verletzt, wobei es dabei eine hohe Dunkelziffer geben dürfte. Überhaupt nicht erfasst werden getötete »Aufständische« und Menschen, die an den indirekten Folgen des Krieges sterben, weshalb andere Einschätzungen zu weit höheren Opferzahlen gelangen: »Addieren wir sämtliche Kategorien von Kriegstoten, so schätzen wir ihre Zahl für Afghanistan auf 184.000 bis 248.000 bis Ende 2013.«[34]

All das hätte eigentlich zu der Einsicht verhelfen sollen, dass nachhaltige Lösungen für Afghanistan nur durch eine Abkehr vom bislang praktizierten militärisch abgesicherten Nation Building erreicht werden können – doch leider ist dies nicht der Fall. Zwar endete der ISAF-Einsatz der NATO 2014, er wurde aber sofort durch die circa 13.000 Soldaten starke Folgemission »Resolute Support« abgelöst, die auf unbegrenzte Zeit weiter im Land stationiert bleibt.

Auch hier drängt sich natürlich unweigerlich die Frage auf, welche Interessen dafür ausschlaggebend sind, dass die NATO diesen Krieg auf Biegen und Brechen fortsetzt – koste es die afghanische Bevölkerung, was es wolle. In der Debatte werden hierzu eine Reihe von Motiven angeführt, das Interesse an einer Militärpräsenz an der Südflanke Russlands (zur Machtprojektion nach Zentralasien), das Potential Afghanistans als möglichem Transitland für kaspisches Öl und Gas oder auch der vermutete Ressourcenreichtum des Landes selbst. Afghanistan ist aber vor allem eines: Das Land, in dem es gilt unter Beweis zu stellen, dass die NATO nicht nur willens, sondern auch in der Lage ist, Out-of-Area »erfolgreich« zu intervenieren, wie unter anderem Bundeskanzlerin Angela Merkel schon vor Jahren überdeutlich zum Ausdruck brachte: »Ich glaube, sagen zu können […], dass die Stabilisierung Afghanistans derzeit eine der größten Herausforderungen für die NATO und ihre Mitgliedstaaten ist. Sie ist gleichsam so etwas wie ein Lackmustest für ein erfolgreiches Krisenmanagement und für eine handlungsfähige NATO.«[35]

In dem Maße, wie der Afghanistan-Einsatz sowie der außerhalb des Bündnisrahmens geführte Irak-Krieg aus dem Ruder liefen, nahm allerdings der

Appetit auf weitere Militäreinsätze mit einer großen Zahl Bodentruppen ebenso spürbar ab wie die Loyalität der EU-Verbündeten gegenüber den USA, während sich gleichzeitig dazu auch noch im Verhältnis mit Russland immer stärkere Konflikte anbahnten.

DER KALTE KRIEG, DER NIE ZU ENDE GING

Betrachtet man sich die Abschlusserklärung des NATO-Gipfels von Rom im Jahr 1990, so ist es ganz offensichtlich, dass sich seither vieles im westlich-russischen Verhältnis ganz grundlegend geändert hat: »Die Mitgliedsländer der Nordatlantischen Allianz schlagen den Mitgliedsstaaten des Warschauer Paktes eine gemeinsame Erklärung vor, in der wir feierlich erklären, dass wir nicht länger Feinde sind.«[36]

Allerdings ist es doch recht fraglich, ob es sich bei derlei Äußerungen nicht damals schon um bloße Lippenbekenntnisse handelte. Denn neuere Forschungen belegen, dass in den USA bereits zuvor Überlegungen für eine Expansion der NATO angestellt worden waren: »Um das Jahr 1989–90 fingen US-Politiker damit an, aktiv Wege zur Projektion von Macht und Einfluss der USA nach Osteuropa hinein auszuloten, und sie konzentrierten sich schnell auf die NATO als das Vehikel, dieses Ziel zu erreichen.«[37] Auch aus der bereits ausführlich zitierten »Defense Planning Guidance« aus dem Jahr 1992 geht das Bestreben klar hervor, die ehemaligen Ostblockstaaten mittels NATO und EU in die westliche Einflusssphäre zu integrieren: »Der vielversprechendste Weg, die Osteuropäer im

Westen zu verankern [...], besteht in ihrer Teilnahme an den westlichen politischen und wirtschaftlichen Institutionen. Eine Mitgliedschaft der Osteuropäer in der Europäischen Gemeinschaft und der intensivierte Kontakt mit der NATO.«[38]

Es dürfte somit wohl zu keinem Zeitpunkt ernsthaft ein Interesse daran bestanden haben, die – als faktische Gegenleistung für die Beendigung des Kalten Krieges – dem damaligen sowjetischen Generalsekretär Michail Gorbatschow Anfang der 1990er Jahre gegebene Zusage einzuhalten, keine Erweiterung des NATO-Bündnisgebietes nach Osten vorzunehmen. Da es sich hierbei um einen der wichtigsten russischen Kritikpunkte an der NATO-Politik handelt, sind die damaligen Vorgänge heute wieder Gegenstand intensiver Auseinandersetzungen.[39] Dabei wird teils mit allerlei spitzfindigen Argumentationsketten versucht, diesen eklatanten Vertrauensbruch vom Tisch zu wischen. Ausgangspunkt ist zunächst einmal folgendes, eigentlich nur schwer fälschlich zu interpretierende Gespräch: »Als US-Außenminister James Baker bei KP-Generalsekretär Michail Gorbatschow am 8. Februar 1990 um dessen Zustimmung für den Verbleib des wiedervereinigten Deutschlands in der Nato warb, versicherte Baker, es werde ›keine Ausweitung der gegenwärtigen Nato-Jurisdiktion nach Osten geben‹. Gorbatschow setzte nach: ›Jede Erweiterung der Zone der Nato ist unakzeptabel.‹ Bakers Antwort: ›Ich stimme zu.‹«[40]

Später argumentierte Baker, seine Sätze hätten sich lediglich auf das Gebiet der damaligen DDR bezogen, weshalb sie keine generelle Absage an eine

Erweiterung der NATO dargestellt hätten. Das ist allerdings alles andere als glaubhaft, trat doch der damalige deutsche Außenminister Hans-Dietrich Genscher am 2. Februar 1990 zusammen mit James Baker vor die Presse und beschrieb das Ergebnis ihres Gesprächs wie folgt: »Wir waren uns einig, dass nicht die Absicht besteht, das NATO-Verteidigungsgebiet auszudehnen nach Osten. Das gilt übrigens nicht nur in Bezug auf die DDR […], sondern das gilt ganz generell.«[41] Aus einem lange Zeit geheimen Aktenvermerk geht zudem hervor, dass dies auch genau die Aussage war, die in Gesprächen später im Februar 1990 der sowjetischen Seite übermittelt worden war: »Demnach sagte Genscher im Gespräch mit dem sowjetischen Außenminister Schewardnadse, der Bundesregierung sei ›bewusst, dass die Zugehörigkeit eines vereinten Deutschlands zur Nato komplizierte Fragen aufwerfe‹. Für sie stehe aber fest: Die Nato werde sich nicht nach Osten ausdehnen.«[42]

Allerdings wurde das Thema dann in den weiteren Verhandlungen nicht mehr angesprochen, und es gab wohl tatsächlich danach keine formale Zusage mehr, das Bündnisgebiet nicht zu erweitern. Westlicherseits wird nun argumentiert, hierdurch seien auch die Aussagen aus dem Februar 1990 gegenstandslos geworden: »Niemals wird laut den Quellen in jener entscheidenden Verhandlungsphase aber die Nichterweiterung der Nato nach Osten erwähnt. Wenn Gorbatschow sich wirklich auf die Gespräche hierzu vom Februar verlassen hätte, dann hätte er das Thema in dieser Zeit noch einmal vorbringen müssen. Er tat es nicht. Im Juli 1990 willigte er in die Vollmitgliedschaft eines vereinten Deutschland in der Nato ein.«[43] Zweifellos kann dieses Versäumnis Gorbatschows als geopolitische Dummheit allerersten Ranges bezeichnet werden, und über die Gründe hierfür lässt sich nur spekulieren. Allerdings belegen Aussagen Gorbatschows, dass er augenscheinlich von der Gültigkeit der Zusagen ausging und die später einsetzende NATO-Expansionspolitik als eindeutigen Bruch der damaligen Übereinkünfte bewertet: »Die Entscheidung der USA und ihrer Verbündeten, die NATO nach Osten auszudehnen, wurde im Jahr 1993 gefällt. Ich habe dies von Anfang an als einen großen Fehler bezeichnet. Es war definitiv eine Verletzung des Geistes der Stellungnahmen und Versicherungen, die uns gegenüber 1990 gemacht wurden.«[44]

ANTIRUSSISCHER EXPANSIONSKURS

Bereits seit Jahren anvisiert, wurde die Idee, die NATO in Richtung des ehemaligen Ostblocks zu erweitern, schließlich 1993 vom damaligen deutschen Verteidigungsminister Volker Rühe öffentlich in die Debatte eingespeist. Ein Jahr darauf wurde das Programm »Partnerschaft für den Frieden« aufgelegt, mit dem vor allem Länder des ehemaligen Warschauer Paktes schrittweise an das Bündnis herangeführt werden sollten. Daraufhin wurden Polen, Ungarn und die Tschechische Republik im Jahr 1997 formell zum NATO-Beitritt eingeladen, der am 12. März 1999 nahezu parallel zum Angriffskrieg gegen Jugoslawien offiziell erfolgte. Auch danach ging es Schlag auf

Schlag weiter: Im November 2002 fiel die zwei Jahre später umgesetzte Entscheidung, weitere sieben Staaten, darunter mit Estland, Lettland und Litauen auch ehemalige Gliedstaaten der Sowjetunion, ins Bündnis aufzunehmen – und zwar obwohl Moskau dies stets als »rote Linie« bezeichnet hatte, die keinesfalls überschritten werden dürfe.[45] Ungeachtet weiterer klarer russischer Warnungen machten anschließend vor allem die USA und Polen Druck, auch Georgien und die Ukraine in die NATO aufzunehmen. Dafür ließ sich aber bislang keine Mehrheit finden, obwohl immer wieder damit geflirtet wird, so dass der im April 2008 beschlossene und im Jahr darauf vollzogene Beitritt Albaniens und Kroatiens die bislang letzte NATO-Expansionsrunde darstellte.

Während er recht bald die anfangs durchaus gehegte Hoffnung begrub, mit Washington in ein kooperatives Verhältnis treten zu können[46], versuchte Wladimir Putin noch einige Zeit, der EU und hier besonders Deutschland ein enges Bündnis anzubieten, das sich mehr oder weniger offen gegen die USA richten sollte.[47] Doch spätestens mit den »farbigen Revolutionen« wurde auch die EU als Konkurrentin wahrgenommen. Dabei handelte es sich um Umstürze, unter anderem in Georgien (2003), der Ukraine (2004) und Kirgisien (2005), bei denen mit westlicher Unterstützung prorussische durch prowestliche Machthaber ersetzt wurden und die den letzten Anstoß für einen fundamentalen russischen Kurswechsel gaben: »Die große Veränderung des Jahres 2005 ist, dass in diesem Jahr die russische Außenpolitik von einer Position der Schwäche zu einer der Stärke wechselte. [...] Postsowjetische Einmischung ist ein Ding der Vergangenheit, und den russischen Führern gefällt das Spiel mit harten Bandagen.«[48]

2. Von der Pax Americana zur Pax Transatlantica

Unter dem Eindruck, als »einzige Supermacht« die Geschicke der Welt weitgehend im Alleingang bestimmen zu können, pochten die USA lange auf die unumstrittene Führungsrolle im westlichen Bündnis. Dies führte aufseiten der Verbündeten zu erheblichem Missmut, der schließlich so weit ging, dass Deutschland und Frankreich den USA im Irak-Krieg ab 2003 offen die Gefolgschaft versagten. Die verheerend verlaufenden Kriege im Irak und in Afghanistan, gepaart mit den immer schärfer werdenden Konflikten mit Russland, bezeugten eine erhebliche machtpolitische Schwächung der USA, die eine Anpassung der Strategie notwendig machte. Seither fördert und fordert Washington von seinen Verbündeten eine größere militärische Unterstützung bei der Aufrechterhaltung des neoliberalen Systems, bietet dafür im Gegenzug aber in einem »Transatlantischen New Deal« an, Macht und Einfluss im Bündnis analog zu den Lasten fairer zu verteilen.

Auch die EU-Staaten waren und sind an einem solchen »Transatlantischen New Deal« interessiert, denn aus ihrer Sicht erfordern es die gegenwärtigen »Angriffe« auf die westliche Vorherrschaft, dass die langjährigen, teils heftigen Konflikte einstweilen zugunsten einer gemeinsamen Interessensdurchsetzung in den Hintergrund treten. Denn ungeachtet mancher Differenzen im Detail überwiegen doch die gemeinsamen Schnittmengen: Sowohl die Europäische Union als auch die Vereinigten Staaten wollen die gegenwärtige staatliche Hackordnung gegenüber den »Herausforderern« (primär China und Russland) erhalten, wobei die sich hieraus ergebenden Auseinandersetzungen deshalb so unversöhnlich sind, weil hier grundsätzlich verschiedene ordnungspolitische Vorstellungen aufeinandertreffen: Hier die primär in der NATO versammelten neoliberal ausgerichteten westlichen Platzhirsche; dort die staatskapitalistisch geprägten Herausforderer.

Russlands Roll Back

Für viele Beobachter wurde erst mit Wladimir Putins Auftritt bei der Münchner Sicherheitskonferenz Anfang 2007 deutlich, dass in Moskau ein neuer Wind wehte. Zwar richtete sich seine damalige Kritik zuerst an die USA, danach aber auch an deren Verbündete: »Heute beobachten wir eine kaum kontrollierte übertriebene Gewaltanwendung in den internationalen Angelegenheiten, die zu immer neuen Konflikten führt. [...] Einseitige, oft nicht legitime Handlungen haben nicht ein einziges Problem gelöst. Vielmehr waren sie Ausgangspunkt neuer menschlicher Tragödien und Spannungsherde. Urteilen Sie selbst: Die Kriege, die lokalen und regionalen Konflikte sind nicht weniger geworden.« Das globale Gewaltmonopol liege allein in den Händen der UNO, die derzeitigen Versuche der Westmächte, es an sich zu reißen, wurden von Putin heftig kritisiert: »Die Anwendung von Gewalt kann nur als legitim betrachtet werden, wenn sie vom UN-Sicherheitsrat genehmigt wird. Und wir dürfen die UNO nicht durch die NATO noch die EU ersetzen.«[49] Solch scharfe Worte hatte man nicht erwartet: »Sekundenlang schwieg die Internationale Sicherheitskonferenz erschrocken. Das waren neue Töne, die an eine längst überwunden geglaubte Vergangenheit gemahnten: der mächtigste Mann Russlands in vollem Harnisch«, kommentierte die *Deutsche Presseagentur*.[50]

In Moskau hatte sich nun die Überzeugung durchgesetzt, weiteren westlichen Einflussgewinnen notfalls auch militärisch einen Riegel vorschieben zu müssen. Das von da ab verstärkt einsetzende machtpolitische Fingerhakeln geriet schnell außer Kontrolle, etwa bei den Gaskriegen zwischen Russland und der Ukraine (ab 2005). Ein erster Höhepunkt wurde im Sommer 2008 erreicht, als Moskau auf den georgischen Angriffskrieg gegen Südossetien mit einem harten militärischen Gegenschlag reagierte, mit dem eine klare Botschaft gesendet wurde: »Erstmals seit Ende des (alten) Kalten Krieges hat Russland damit einem westlichen Expansionsversuch militärisch Einhalt geboten – allein hieran sieht man die Tragweite der jüngsten Ereignisse im Kaukasus. Gleichzeitig ist der Einmarsch in Georgien ein deutliches Signal an den Westen, dass mit Russland künftig wieder im internationalen Machtpoker zu rechnen sein wird. In einer Analyse des auch als ›Schatten-CIA‹ bezeichneten Think Tanks Strategic Forecast heißt es: ›Mit seiner Operation in Südossetien hat Russland drei Dinge bewiesen. 1. Seine Armee kann erfolgreiche Operationen ausführen, woran ausländische Beobachter gezweifelt haben. 2. Die Russen können die von den US-Militärinstrukteuren getrimmten Kräfte besiegen. 3. Russland hat bewiesen, dass sich die USA und die NATO nicht in der Situation befinden, die für sie ein militärisches Eingreifen in diesen Konflikt ermöglichen könnte.‹«[51]

Um Auswege aus der 2008 kulminierten Krise mit dem Westen zu präsentieren, sich aber gleichzeitig für eine mögliche Verschärfung zu wappnen, fuhr Russland in der Folge zweigleisig. Als kooperative Deeskalationsoption verkündete der damalige russische Präsident Dmitri Medwedew im Juni 2008, er strebe den Abschluss eines »Euroatlantischen Sicherheitsvertrags« an. Zwar wurden kurz darauf bereits erste Inhalte bekannt, im Detail wurde der Vertrag jedoch erst Ende November 2009 veröffentlicht.[52] Vertragsparteien des legal bindenden Dokuments sollen alle Staaten von »Vancouver bis Wladiwostok« (also auch die USA und Kanada) und die dortigen internationalen Strukturen (NATO, OSZE, GUS ...) sein. Kern des Vertrags ist die »unteilbare Sicherheit«, dass also keine Vertragspartei Handlungen ergreifen darf, die sich negativ auf die Sicherheit einer anderen auswirken. Sollte ein Land dies so sehen, kann es einen schwammig formulierten Konsultationsprozess in Gang setzen, ein Verfahren, dessen Ziel auf der Hand liegt: »Diese Unklarheit scheint auch ganz bewusst gewählt zu sein. Denn ohne eine Präzisierung würde das Prinzip der ›unteilbaren Sicherheit‹ letztlich Russland ein indirektes Vetorecht gegen fast jede Entscheidung der NATO geben – von der Osterweiterung über die Stationierung von amerikanischen oder NATO-Truppen in anderen Ländern bis hin zu Einsätzen im euro-atlantischen Raum.«[53]

Allerdings wurde schnell deutlich, dass die NATO-Staaten keinerlei Absicht hegen, Russland ein wirkliches Mitspracherecht in Sicherheitsfragen einzuräumen – die damalige US-Außenministerin Hillary Clinton erteilte dem Vorschlag für einen »Euroatlantischen Sicherheitsvertrag« eine mehr als deutliche Absage.[54] Dementsprechend forcierte Moskau mit der im Juli 2009 erfolgten Ankündigung, Russland, Weißrussland und Kasachstan würden eine Zollunion gründen, die Formierung eines Gegenblocks. Es folgte im Jahr 2010 die Vereinheitlichung der Zölle, und 2012 wurden zwischen den drei Ländern die Grenzkontrollen abgeschafft und ein einheitlicher Wirtschaftsraum etabliert, der den freien Austausch von Waren, Dienstleistungen, Kapital und Arbeitskräften unter den Mitgliedstaaten garantiert. Im September 2013 kündigte zudem Armenien an, das ausbuchstabierte Assoziationsabkommen mit der EU nicht zu unterzeichnen und stattdessen der Zollunion beizutreten. Am 29. Mai 2014 unterzeichneten dann Russland, Weißrussland und Kasachstan ein Abkommen, mit dem die Zollunion zum 1. Januar 2015 in eine »Eurasische Wirtschaftsunion« umbenannt wurde – kurz darauf traten Armenien und Kirgisien dem Bündnis bei, als weitere Kandidaten werden unter anderem Tadschikistan, Usbekistan und die Mongolei gehandelt.

Im Westen wurde diese Entwicklung nicht als Ergebnis bloßer Missverständnisse interpretiert, sondern als Resultat machtpolitischer Auseinandersetzungen infolge grundsätzlich unterschiedlicher Ordnungsvorstellungen. Dies geht etwa aus einem 2012 noch vor Ausbruch der Ukraine-Krise veröffentlichten Papier der Expertengruppe »Östliche Partnerschaft« der »Deutschen Gesellschaft für Auswärtige Politik« hervor, an dem unter anderem der ehemalige Verteidigungsstaatssekretär Friedbert Pflüger und Karsten D. Voigt, der ehemalige Amerika-Koordinator der Bundesregierung, beteiligt waren: »Der außenpolitische Diskurs in Deutschland meidet die Thematisierung geostrategischer Überlegungen. Doch sollten die Realitäten anerkannt werden: Wenn Russland von Stabilität redet, wird dort in Kräfteverhältnissen und Einflusssphären gedacht. Genauso legitim ist es, die Östliche Partnerschaft auch unter geostrategischen Überlegungen zu betrachten. Die Europäische Union zielt mit diesem Konzept auf die Verbreitung ihrer politischen, rechtlichen sowie ökonomischen ›Spielregeln‹ und damit auf eine schrittweise Anbindung der Region. Dabei versucht die EU mit Kooperationsangeboten zu vermeiden, dass die wirtschaftliche Zwangslage der östlichen Partner diese zur Annahme anderer Integrationsmodelle führt, die den europäischen Interessen widersprechen.«[55]

TRANSATLANTISCHE KRISENSYMPTOME

Während die EU-Staaten Anfang der 1990er Jahre die Zeit gekommen sahen, die langjährige Rolle als »Subunternehmer Amerikas« (Ernst-Otto Czempiel[56]) zugunsten einer Partnerschaft auf gleicher Augenhöhe abzustreifen, dachte Washington zunächst nicht im Traum daran, die alleinige Führungsrolle abzugeben. Dokumente wie der No-Rivals-Plan legen sogar nahe, dass die US-Globalstrategie in den ersten 15 Jahren nach dem Kalten Krieg darauf abzielte, die US-Vorherrschaft gegenüber Russland, China *und* der Europäischen Union langfristig zu zementieren.

Dies hatte zur Folge, dass Washington in nahezu allen Sachfragen darauf pochte, Konflikte einseitig im eigenen Interesse zu »lösen«, weshalb der Unmut aufseiten der EU-Verbündeten über die Jahre kontinuierlich wuchs. Als die USA während des Angriffskrieges gegen Jugoslawien im Jahr 1999 den Verbündeten klar signalisiert hatten, dass sie nicht gewillt waren, sie substantiell in die Planung einzubeziehen, führte dies unmittelbar danach, sehr zum Unmut der USA, zu der Entscheidung, autonome EU-Eingreiftruppen aufzubauen. Da die Europäische Union damals stets auch als – zumindest potentieller – Rivale der USA betrachtet wurde, wurde ihre Ausweitung und Stärkung demzufolge nur dann begrüßt, wenn dadurch die uneingeschränkte Führungsrolle der USA nicht zur Disposition stand. Aus diesem Grund reagierte Washington auf alle Versuche der EU, sich autonome, also von der NATO und damit den USA unabhängig einsetzbare militärische Fähigkeiten zuzulegen, viele Jahre überaus allergisch. Washingtons damalige Position wurde etwa im Jahr 2000 durch William Cohen, Verteidigungsminister unter Bill Clinton, folgendermaßen beschrieben: »Nur eine der NATO klar untergeordnete europäische Komponente findet die Zustimmung der USA.«[57]

Ihren Höhepunkt erreichten die Konflikte mit den heftigen Streitereien vor und nach der US-Invasion des Irak im Jahr 2003. Aufgrund der rabiaten und kompromisslosen Weise, wie die USA den von ihnen ausgerufenen »Krieg gegen den Terror« vollkommen im Alleingang bestimmten, versagten Deutschland und Frankreich die Gefolgschaft und gingen offen in die Opposition. In einer Grundsatzrede bei der Münchner Sicherheitskonferenz Anfang 2005 benannte der damalige Kanzler, Gerhard Schröder, sowohl die Ursachen der Querelen wie auch die ihm vorschwebende Lösung. Wenn die USA von den Verbündeten erwarten, dass sie bei der Aufrechterhaltung der westlichen Vormachtstellung tatkräftiger mithelfen, so müssten sie im Gegenzug auch bereit sein, Macht und Einfluss im Bündnis breiter zu streuen: »Aber aus der Mitverantwortung folgt auch Mitsprache. [...] Ich meine, dass die transatlantische Partnerschaft solchen Veränderungen Rechnung tragen muss. Und wenn wir es ehrlich betrachten: Bisher tut sie das nur unvollkommen. [Die NATO] ist jedoch nicht mehr der primäre Ort, an dem die transatlantischen Partner ihre strategischen Vorstellungen konsultieren und koordinieren. Dasselbe gilt für den Dialog zwischen der Europäischen Union und den Vereinigten Staaten, der in seiner heutigen Form weder dem wachsenden Gewicht der Union noch den neuen Anforderungen transatlantischer Zusammenarbeit entspricht.«[58]

Worauf diese Zwistigkeiten hinausliefen und wie sie aus EU-Sicht gelöst werden konnten, brachte eine Studie im Auftrag des Europäischen Rates auf den Punkt. Angesichts der schwindenden Macht der Vereinigten Staaten sei ein »Übergang von der Pax Americana« hin zu einer neuen Weltordnung unausweichlich, die künftig »von einer Pax Transatlantica beaufsichtigt wird«[59].

TRANSATLANTISCHER NEW DEAL?

Aufgrund der dramatischen Verschlechterung der äußeren Umstände setzte auch in Washington allmählich ein Umdenken ein. Denn der insbesondere seit Beginn des sogenannten »Krieges gegen den Terror« immer aggressiver unternommene Versuch, die US-Vorherrschaft im Alleingang und ohne Rücksicht auf die Interessen der Verbündeten abzusichern, entpuppte sich spätestens ab 2005 immer offensichtlicher als ein ökonomisches, militärisches und politisches Desaster, das eine massive machtpolitische Schwächung der Vereinigten Staaten zur Folge hatte. Dies führte zu der – bislang einzigen – fundamentalen Revision der bereits mit dem No-Rivals-Plan auf die Schiene gesetzten US-Globalstrategie nach dem Kalten Krieg. Zwar galt es weiter, Russlands Wiederaufstieg unter allen Umständen zu verhindern – auch um den Preis einer erneuten Blockkonfrontation. Die machtpolitischen Realitäten zwangen die USA allerdings zu der Einsicht, dass sie hierzu ihre Verbündeten mit ins Boot holen mussten – und auch dies war eben nicht kostenlos zu haben. Bereits in der zweiten Amtszeit der Regierung George W. Bushs setzten deshalb erste Überlegungen für eine Kursbegradigung gegenüber den Verbündeten ein. So schrieb der einflussreiche Politikberater Robert Kagan bereits Anfang 2004: »Die Vereinigten Staaten sollten ihren Teil des transatlantischen Handels erfüllen, indem sie den Europäern einigen Einfluss auf die Ausübung amerikanischer Macht einräumen – wenn die Europäer im Gegenzug diesen Einfluss sorgfältig einsetzen werden. Das NATO-Bündnis – eine Allianz von und für liberale Demokratien – könnte der Ort eines solchen Handels sein.«[60]

Mit Amtsantritt Barack Obamas wurde dann noch intensiver damit begonnen, über den »Transatlantischen New Deal« zu verhandeln. Die neue US-Regierung griff die Diskussion gleich bei ihrem ersten großen außenpolitischen Aufschlag auf der Münchner Sicherheitskonferenz Anfang Februar 2009 auf. Mit blumigen Worten reichte Vizepräsident Joseph Biden den EU-Verbündeten dort die Hand. Die neue US-Regierung stehe für ein »neues Zeitalter«, eine »neue Ära der Zusammenarbeit«, sie sei »entschlossen, einen neuen Ton anzuschlagen«. Anschließend konkretisierte Biden die Bedingungen für den »Transatlantischen New Deal«: »Die USA werden mehr tun, aber die USA werden auch mehr von ihren Partnern verlangen [...], einschließlich ihrer Bereitschaft, Gewalt anzuwenden, wenn alles andere fehlschlägt.«[61]

Umgekehrt wurde von EU-Seite ebenfalls klar formuliert, dass zunehmende militärische Beiträge sich auch in deutlich gesteigerten Mitspracherechten im Bündnis bemerkbar machen müssten. So fasste der am 19. Februar 2009 vom Europäischen Parlament verabschiedete Bericht »über die Rolle der NATO im

Rahmen der Sicherheitsarchitektur der EU« das transatlantische Quidproquo folgendermaßen zusammen: »Das Europäische Parlament [...] fordert die Europäische Union auf, einen gerechteren Anteil an der Last zu tragen; fordert ferner die USA auf, mehr Bereitschaft an den Tag zu legen, ihre europäischen Verbündeten zu Fragen im Zusammenhang mit Frieden und Sicherheit zu konsultieren.«[62]

Im Zusammenhang mit diesen Debatten vollzog sich eine Kehrtwende, was die US-Position gegenüber europäischen Militärkapazitäten anbelangt. Sie wurde von Vizepräsident Joseph Biden bei seinem Auftritt auf der Münchner Sicherheitskonferenz im Februar 2009 folgendermaßen formuliert: »Wir unterstützen ebenfalls die Stärkung der europäischen Verteidigungskapazitäten, eine größere Rolle der Europäischen Union hinsichtlich des Erhalts von Frieden und Sicherheit [sowie] eine substantiell stärkere NATO-EU-Partnerschaft.«[63] Auch Barack Obama äußerte sich zum Auftakt des NATO-Gipfels in Straßburg zwei Monate später: »Wir wollen militärisch starke europäische Verbündete. Je besser die europäischen Verteidigungskapazitäten sind, umso besser können wir miteinander kooperieren, umso glücklicher sind wir.«[64]

Umgekehrt war auch die Europäische Union – allerdings lange mit zwiespältigem »Erfolg« – willens, ihren Teil des »Transatlantischen Deals« zu erfüllen. Der Grund lag auch hier in der politischen Großwetterlage, die es erforderte, die transatlantischen Reihen gegenüber den neuen Herausforderern zu schließen. So forderte etwa der Brüsseler *FAZ*-Korrespondent

Nikolaus Busse im Jahr 2009: »Auf immer mehr Feldern werden wir leidenschaftliche Konkurrenz und harte Interessengegensätze mit den aufsteigenden Großmächten erleben. Das erfordert eine beherzte globale Präsenz des Westens, und zwar nicht nur der USA. [...] Diese Lasten werden sie aber immer weniger alleine tragen können. [...] Europa kann in einer Welt harter geopolitischer Rivalität nicht als große Friedensbewegung bestehen, sondern muss zu einer anspruchsvollen Diplomatie und einem selbstbewussten Auftritt finden. Dieses Problem löst man nicht mit der Schaffung neuer Posten und Strukturen in Brüssel, sondern indem die Eliten in den großen Mitgliedsstaaten einen größeren Willen entwickeln, sich harten machtpolitischen Fragen gemeinsam zu stellen.«[65]

Im Grunde bestimmt die Frage der Lastenteilung bis heute das europäisch-amerikanische Verhältnis und in dem Maße, wie es gelingt, den »Transatlantischen New Deal« zur beiderseitigen Zufriedenheit umzusetzen, steigt auch die militär- und machtpolitische Schlagkraft des Bündnisses. Ungeachtet der teils heftigen Konflikte stand dabei der Fortbestand der NATO zu keinem Zeitpunkt wirklich ernsthaft zur Debatte, womit sich automatisch die Frage nach dem Kitt stellt, der das transatlantische Bündnis augenscheinlich so fest zusammenhält.

Staatskapitalismus versus Neoliberalismus

Während der Neoliberalismus bereits seit vielen Jahren auf dem Vormarsch war, markierte das Ende der Sowjetunion nach allgemeiner Lesart dann das *Ende der Geschichte* (Francis Fukuyama), und ein unregulierter Marktradikalismus sollte nun seinen endgültigen Siegeszug antreten. Das neoliberale Modell galt fortan als einzig zulässige Organisationsform, was Francis Fukuyama damals 1992 damit begründete, dass es an ernstzunehmenden Konkurrenten mangelte: »Der Triumph der westlichen Idee ist vor allem dadurch offensichtlich, dass es an lebensfähigen, systemischen Alternativen zum westlichen (Neo)Liberalismus fehlt.«[66] Dies ist heute definitiv nicht mehr der Fall: Inzwischen ist mit den BRICS (Brasilien, Russland, China, Indien, Südafrika) eine mächtige Staatengruppe entstanden, die vollkommen anderen ordnungspolitischen Prämissen folgt. Alle BRICS erfüllen das Kriterium, dass in ihnen der Staat die Kontrolle über mindestens ein Drittel der fünfhundert größten Unternehmen verfügt – bei keinem der G7 ist dies der Fall. Gemäß dieser Definition von Joshua Kurlantzick fallen sie damit in die Kategorie der Staatskapitalisten, die sich fundamental von G7-Ländern unterscheiden.[67]

Diese Staatengruppe war überaus erfolgreich. Ein erstes aufsehenerregendes Zeichen, dass sich die Zeiten änderten, war ein Bericht von Goldman Sachs aus dem Jahr 2001, in dem erstmals das Akronym BRIC auftauchte – Südafrika sollte erst 2010 hinzustoßen –

und dieser Staatengruppe ein enormer Machtzuwachs bescheinigt wurde. Zwei Jahre später prognostizierte Goldman Sachs dann, das Bruttoinlandsprodukt (BIP) der BRIC-Staaten würde das der G7, der wichtigsten westlichen Industrieländer, etwa um das Jahr 2040 überholen.[68] Und tatsächlich sind die wirtschaftlichen Positionsgewinne der BRICS überaus beeindruckend und haben sich gegenüber früheren Prognosen sogar noch beschleunigt: Nach Kaufkraftparitäten belief sich der Anteil der G7 am Welt-BIP im Jahr 2000 auf 45,7 Prozent (USA: 21,8 Prozent, Deutschland: 4,9 Prozent), der der BRICS auf 15,8 Prozent (China: 6,9 Prozent, Russland: 2,4 Prozent). Im Jahr 2014 sank der Wert der G7 auf 32,9 Prozent (USA: 16,6 Prozent, Deutschland: 3,4 Prozent), während die BRICS nun 30,9 Prozent (China: 16,8 Prozent, Russland: 3,4 Prozent) auf sich vereinigten.[69]

Auch die US-Geheimdienste griffen diese Entwicklung in dem überaus aufschlussreichen Bericht »Global Trends 2025« vom November 2008 auf. Er prognostizierte ebenfalls – erstmals – einen rapiden Machtverlust der USA und den Aufstieg der BRICS. Wichtig ist dabei, dass der Bericht zu dem Ergebnis gelangte, diese Entwicklung werde aller Wahrscheinlichkeit nach schwere Konflikte, möglicherweise sogar bewaffnete Auseinandersetzungen mit den Aufsteigern, vor allem mit China und Russland, nach sich ziehen. Als Grund nannte das Gemeinschaftsprodukt aller US-Geheimdienste die vollkommen inkompatiblen ordnungspolitischen Grundausrichtungen beider Seiten: »Zum großen Teil folgen China, Indien und Russland nicht dem westlichen liberalen

Entwicklungsmodell, sondern benutzen stattdessen ein anderes Modell: ›Staatskapitalismus‹. Staatskapitalismus ist ein loser Begriff, der ein Wirtschaftssystem beschreibt, das dem Staat eine prominente Rolle einräumt. [...] Statt die westlichen Modelle politischer und ökonomischer Entwicklung nachzuahmen, könnten sich viele Länder von Chinas alternativem Entwicklungsmodell angezogen fühlen.«[70]

Die verheerenden Auswirkungen der langjährigen Wirtschafts- und Finanzkrise haben das Vertrauen in den neoliberalen »Washington Konsens« weiter erschüttert, wodurch der westlichen Weltordnung mittlerweile eine ernstzunehmende Herausforderung seitens der Staatskapitalisten erwachsen ist. Diese Sichtweise wurde zum Beispiel auch in einem im Mai 2016 veröffentlichten Papier aus dem engsten Umkreis Hillary Clintons vertreten: »Die weltweite Finanzkrise 2008, die in den USA begann, und die anschließende tiefgreifende Rezession stärkte Befürworter alternativer Wachstumsmodelle. Die Rufe, sich vom anglo-amerikanischen ›Washington Konsens‹ hin zu Systemen mit einem größeren staatlichen Einfluss zu bewegen, sind seitdem lauter geworden. Einige Rivalen, wie Russland, versuchen, den Einfluss der USA auf das globale Finanzsystem zu schwächen. China will unterdessen eine Asiatische Infrastruktur- und Investmentbank aufbauen.«[71]

Augenscheinlich wird diese Entwicklung auch auf der anderen Seite des Atlantiks als Bedrohung eingestuft. In Deutschland wurde der Bundesnachrichtendienst mit der Anfertigung einer Studie zu den Auswirkungen der Wirtschafts- und Finanzkrise auf die globalen Machtverhältnisse beauftragt, die den deutschen Eliten als Orientierungshilfe für das künftige Handeln dienen sollte. Aus der einzig öffentlich zugänglichen Auswertung des vertraulichen BND-Papiers aus dem Jahr 2009 wird klar, wie weit sich die Sichtweisen in den USA und Deutschland überschneiden: »Die Politik sollte sich deshalb nachdrücklich solchen geostrategischen Krisenabwägungen zuwenden. Denn es ist offensichtlich, dass derzeit noch längst nicht alle möglichen Auswirkungen der Wirtschaftskrise mitgedacht werden. [Besonders] betrifft dies das ideologische Ringen zwischen Demokratien und Autokratien, wer das attraktivere Zukunftsmodell für die Entwicklung von Gesellschaften liefern kann. Eine ganze Generation westorientierter Regierungschefs in Entwicklungsländern könnte in die Defensive geraten, wie ihre Länder trotz schmerzhafter Reformen in wirtschaftliche Turbulenzen stürzen.«[72]

Einige Jahre später fasste ein Artikel im *Economist* die westliche Position folgendermaßen zusammen: »Die Krise des liberalen Kapitalismus gestaltete sich gravierender durch den Aufstieg einer potenten Alternative: des Staatskapitalismus, der versucht, die Macht des Staates mit den Kräften des Kapitalismus zu verschmelzen. [...] Der entscheidende Kampf (the defining battle) des 21. Jahrhunderts spielt sich nicht zwischen Kapitalismus und Sozialismus ab, sondern zwischen verschiedenen Versionen von Kapitalismus. Und da der Staatskapitalismus wahrscheinlich noch einige Zeit bestehen wird, müssen westliche Investoren und Politiker anfangen, ernsthafter darüber nachzudenken, wie damit umzugehen ist.«[73]

In einer Phase also, in der die Wirtschafts- und Finanzkrise die neoliberale Weltwirtschaftsordnung den letzten Rest an Glaubwürdigkeit kostete, stellten China und Russland die wirtschaftspolitischen Spielregeln mit ihrem Alternativmodell grundsätzlich in Frage, worin der eigentliche Kern der Konfrontation mit dem Westen liegen dürfte. So jedenfalls wird dies in Russland interpretiert, wenn etwa Sergei Karaganov, der als wichtiger Berater von Präsident Putin gilt, bereits 2007 eine »Neue Ära der Konfrontation« prognostizierte: »Heftige Rivalitäten auf verschiedenen Ebenen – ökonomisch, geopolitisch, ideologisch – werden die Neue Ära der Konfrontation charakterisieren. Russlands Außenminister Sergei Lawrow hat dieses Merkmal der neuen Welt folgendermaßen beschrieben: ›Das Paradigma der gegenwärtigen internationalen Beziehungen wird vom Konkurrenzkampf im weitesten Sinne dieses Begriffs bestimmt, insbesondere, wenn sich dieser Konkurrenzkampf auf Wertesysteme und Entwicklungsmodelle erstreckt. Das Neue an der gegenwärtigen Situation ist, dass der Westen sein Monopol auf den Globalisierungsprozess verliert. Dies erklärt vielleicht am besten die Versuche, die augenblicklichen Entwicklungen als Bedrohung des Westens, seiner Werte und seiner Lebensart darzustellen.‹«[74]

Auch für den renommierten linken Politikprofessor Kees van der Pijl sind die unterschiedlichen Ordnungsvorstellungen des »neoliberalen Westens« beziehungsweise des »staatskapitalistischen Blocks« die zentrale Triebfeder hinter dem »Neuen Kalten Krieg«.[75] Dabei bringt sich der Westen im Militärbereich über die NATO in Stellung und arbeitet gleichzeitig mit dem »Transatlantischen Partnerschafts- und Investitionsabkommen« (TTIP) auch an einer wirtschaftlichen Entsprechung (siehe Kapitel 8.4). Selbstredend wird der Konflikt im Westen aber zumeist in andere Worte verpackt, nämlich in den Kampf zwischen »Gut« und »Böse« beziehungsweise zwischen »Autokratien« und »Demokratien«. In den USA war es besonders der einflussreiche Politikwissenschaftler Robert Kagan, Chefberater der republikanischen Präsidentschaftskandidaten John McCain und Mitt Romney und später Unterstützer Hillary Clintons, mit seinem 2008 erschienenen Buch *Die Demokratie und ihre Feinde*, der sich in diese Richtung äußerte: »Die alte Rivalität zwischen Liberalismus und Autokratie ist neu entflammt, und die Großmächte der Welt beziehen entsprechend ihrer Regierungsform Position. [...] Die Geschichte ist zurückgekehrt, und die Demokratien müssen sich zusammentun, um sie zu gestalten – sonst werden andere dies für sie tun.«[76]

Allerdings handelt es sich hierbei keineswegs um eine Sichtweise, die exklusiv in republikanischen Kreisen gepflegt würde. In dieselbe Kerbe schlug auch US-Präsident Barack Obama selbst, der 2007 in einem Grundlagenartikel warnte: »Die Bedrohungen dieses Jahrhunderts [...] gehen von mit Terroristen verbündeten Schurkenstaaten und von aufstrebenden Mächten aus, die sowohl Amerika als auch die internationalen Grundlagen der liberalen Demokratie herausfordern könnten.«[77] Noch deutlicher wurde Anne-Marie Slaughter, die in der Obama-Administration einige Jahre als Direktorin der wichtigen Politikplanungsabteilung im Außenministerium Hillary Clintons fungierte: »Die Vorherrschaft der liberalen Demokratien ist erforderlich, um eine Rückkehr zu Sicherheitskonflikten zwischen den Großmächten zu verhindern, zwischen den Vereinigten Staaten und unseren Verbündeten auf der einen Seite und einer Autokratie oder einem Zusammenschluss von Autokratien auf der anderen – eine Art der Auseinandersetzung, die zu zwei Weltkriegen und dem Kalten Krieg führte.«[78]

Die zentrale Frage, die sich nun stellte, war, ob die Europäer tatsächlich in der Lage sein würden, in diesem »Neuen Kalten Krieg« auch für eine echte Entlastung der USA zu sorgen.

3. EUropas komplementäre Expansionsstrategie

Bis heute wird der Mythos, die Europäische Union sei eine Art »Zivilmacht«, die der profanen Macht- und Interessenspolitik vergangener Jahrhunderte abgeschworen habe, in manchen Kreisen sorgsam gehegt und gepflegt: »Die Gründungsphilosophie der EWG, aus der die EG und dann die EU wurden, richtete sich nach innen und entwickelte ein Gegenkonzept zu Geopolitik und zu geostrategischen Dimensionen: Befriedung, Aussöhnung und politische Kooperation durch wirtschaftliche Verflechtung als Antithesen zur Geopolitik und zum Imperialismus.«[79] Diese »geostrategische Abstinenzphase« war allerdings keiner Aversion gegenüber harter Machtpolitik, sondern der spezifischen Konstellation des Kalten Krieges geschuldet. Gemeint ist hier die – zumindest so empfunden – existenzielle Bedrohung durch die Sowjetunion, der die EU-Staaten allein wenig entgegenzusetzen hatten. Dies machte die Vereinigten Staaten zwangsläufig zur unbestrittenen Hegemonialmacht im westlichen Bündnis. Ohnehin galt darüber hinaus der »deutschen Frage«, der Einbindung des deutschen Machtstrebens, in den Anfangsjahrzehnten der Europäischen Union die Hauptaufmerksamkeit, weshalb die »innere Integration« im Vordergrund stand. Diese »Strukturdeterminanten« hatten zur Folge, dass (militär-)strategische Fragen auf EU-Ebene lange kaum eine Rolle spielten, sie waren Sache der NATO – und damit vor allem der USA: »Unter den Bedingungen der US-Hegemonie und der Systemkonkurrenz konnte in den Nachkriegsjahrzehnten von einer eigenständigen europäischen Strategie keine Rede sein. Dies galt insbesondere für die Außen- und Sicherheitspolitik.«[80]

Mit dem Untergang der Sowjetunion, dem – allmählichen – Machtverlust der Vereinigten Staaten sowie der schrittweisen offensiven Ausrichtung der deutschen Militärpolitik veränderten sich alle bisherigen Rahmenbedingungen ab Anfang der 1990er Jahre. Die Gelegenheit für einen machtpolitischen Aufstieg zum Global Player schien günstig und sollte ergriffen werden. Immer häufiger artikulieren führende Vertreter der Europäischen Union seither den Anspruch, im globalen Gerangel um Macht und Einfluss an vorderster Front mitspielen zu wollen. So schreibt etwa das sozialdemokratische EU-Aushängeschild Martin Schulz, der Präsident des EU-Parlaments: »Europa ist, ob es will oder nicht, ein ›global player‹. Die EU ist der größte und reichste Binnenmarkt der Welt, unsere Wirtschaftskraft macht ein Viertel des globalen Bruttosozialproduktes aus. Die EU ist der weltweit größte Handelsblock, der weltweit größte Geber von Entwicklungshilfe – die EU ist ein Wirtschaftsriese. Globale wirtschaftliche Macht geht Hand in Hand mit weltpolitischer Verantwortung – diesem Auftrag kann sich Europa nicht entziehen. Europas Partner erwarten – zu Recht –, dass Europa sich dieser Verantwortung stellt und aus der Wirtschaftssupermacht auch eine weltpolitische Supermacht wird.«[81]

Das »überzeugendste« Konzept, wie dies bewerkstelligt werden kann, stammt aus der Feder von James Rogers, dem Mitbegründer der »Group on Grand Strategy« (GoGS), einem zunehmend einflussreichen Zusammenschluss von EU-Geopolitikern. Um den EU-Aufstieg zur Weltmacht zu bewerkstelligen, sind demzufolge vor allem zwei Dinge erforderlich: die Herausbildung eines veritablen Militärapparats und die Expansion in den Nachbarschaftsraum, also die Schaffung einer neoliberalen großeuropäischen Einflusszone. Beide Aspekte fließen bei Rogers zu einem imperialen Raumkonzept zusammen, das der real verfolgten EU-Globalstrategie recht nahekommt.

Die diesbezügliche Bilanz fällt allerdings gemischt aus: Einerseits gelang es der EU zwar recht »erfolgreich«, in den Nachbarschaftsraum zu expandieren und ihn neoliberal umzubauen. Andererseits hatte sich die 2004 ins Leben gerufene »Europäische Nachbarschaftspolitik« (ENP) auf die Fahnen geschrieben, einen »Ring aus Freunden«, eine »Zone der Stabilität« rund um die EU zu schaffen. Hiermit ist man ganz offensichtlich grandios gescheitert, was zwar eingeräumt, aber nicht mit der EU-Politik in Verbindung gebracht wird. So schreibt etwa Klaus-Dieter Frankenberger in der *FAZ*: »Europa hat nicht nur Freunde als Nachbarn; es ist umgeben von einem Feuerring: In der südöstlichen Nachbarschaft wüten Terror und Krieg und im Osten gefällt sich Russland in aggressivem Verhalten.«[82]

Außerdem scheiterte die EU auf ganzer Linie, als es dann darum ging, im Nachbarschaftsraum auch militärisch die Kontrolle an sich zu reißen. So zumindest lautete mehrheitlich die Einschätzung ob der »Performance« im Libyen-Krieg, in dem die USA erstmals auf die Führung verzichteten, die EU aber einen politischen und militärischen Offenbarungseid leisten musste. In den USA sorgte dies für großen Ärger, weshalb im Anschluss daran mächtig Druck auf die Verbündeten ausgeübt wurde, endlich ihren Teil des »Transatlantischen New Deals« zu erfüllen.

IMPERIALES RAUMKONZEPT: EXPANSION UND MILITARISIERUNG

Seit vielen Jahren beklagen sich verschiedene Mitglieder der 2011 ins Leben gerufenen »Group on Grand Strategy« über den rapiden Einflussverlust des Westens und insbesondere über den der EU-Länder. Die beiden GoGS-Gründer James Rogers und Luis Simón lassen keine Zweifel daran, für wie einschneidend sie diese Entwicklung halten: »Die Abnahme der westlichen Macht in den letzten Jahren könnte nicht nur das wichtigste Ereignis des vergangenen Jahrzehnts, sondern möglicherweise der letzten vier Jahrhunderte darstellen.«83 Daran schließt sich nahtlos die weitverbreitete Einschätzung an, dass diese Machtverschiebung mit einer Verschärfung von Großmachtkonflikten einhergehen wird: »Wir sollten uns an Folgendes gewöhnen: Ohne eine größere politische Entschlossenheit und Führungsfähigkeit Europas wird die Zukunft möglicherweise mehr wie Europas eigene Vergangenheit aussehen. Eine Welt, in der schiere Macht wichtiger werden wird und in der die etablierten Regeln gebrochen werden, falls oder wenn sie mit den nationalen Interessen der neuen Mächte ins Gehege kommen sollten.«[84]

Dies mündet dann in ein Plädoyer, sich dieser Entwicklung entgegenzustemmen, was aber nur durch eine gezielte Machtpolitik möglich sei: »Heute, im zweiten Jahrzehnt des 21. Jahrhunderts, stehen die EU, ihre Mitgliedsstaaten und die europäische Bevölkerung an einem Scheideweg. Während eine neue Generation an die Macht gelangt und neue geopolitische Kräfte damit begonnen haben, die Welt um uns herum neu zu formen, hat die politische Vision, die einstmals die europäische Integration anleitete, die Orientierung verloren. […] Wir sollten uns hier keinerlei Illusionen hingeben, [wir leben] in einer Welt, in der große und potentiell räuberische Autokratien mehr und mehr Einfluss und Macht erlangen. Wir sind der Meinung, dass zunehmend nur eine effektive Globalstrategie und schiere Macht in der Lage sein werden, die europäischen Werte zu schützen. […] Die Europäer stehen vor zwei möglichen zukünftigen Entwicklungen: einer Zukunft der Macht oder einer Zukunft des Ruins. Es existiert keine Alternative: Wir können entweder die Herrscher bleiben oder beherrscht werden.«[85]

Um EUropa als Globalmacht zu etablieren, sind aus der Sicht der »Group on Grand Strategy« zwei Dinge erforderlich:

1. *Die Kontrolle des Nachbarschaftsraums:* »Es ist ganz offensichtlich, dass der künftige Erfolg und die Integration der ›Grand Area‹ von der intensiven Zusammenarbeit zwischen den Vereinigten Staaten und der Europäischen Union abhängen wird. Die Neujustierung des amerikanischen geostrate-

gischen Einflusses nach Ost- und Südostasien hat zur Folge, dass ein Machtvakuum im westlichen Teil Eurasiens entsteht, nicht allein in Europa selber, sondern in seiner östlichen Nachbarschaft, im Mittleren Osten und in den westlichen Bereichen des Indischen Ozeans (wo die USA lange dominant waren). Dies ist der Raum – die ›Grand Area‹ absteckend –, wo die Europäer gezwungen sein werden und wo es von ihnen erwartet wird, ihren Einfluss geltend zu machen.«[86]

2. *Der konsequente Ausbau der EU-Militärkapazitäten:* »Militärische Macht ist nicht nur ein allerletztes Mittel, das lediglich in außergewöhnlichen Situationen zur Anwendung kommt. Sie beinhaltet eine breite Palette ›stiller Funktionen‹ über die reine Verteidigung oder Kriegsführung hinaus. [...] Solange die Europäer nicht die Bedeutung von militärischer Macht und der Fähigkeit, Macht auf globaler Ebene ausüben zu können, anerkennen, wird sich jede Diskussion über Strategie oder Außenpolitik als weitgehend fruchtlos erweisen.«[87]

Wie gesagt, das »spannende« ist, dass James Rogers diese Einzelelemente in einem geostrategischen Raumkonzept zusammenfließen lässt, das ihm zufolge folgende Aufgabe hat: »Das ultimative Ziel einer Geostrategie ist es, Geographie und Politik miteinander zu verknüpfen, um die Macht und die Einflusssphäre des heimischen Territoriums zu maximieren. [...] Ein solches Konzept muss von einem subtilen, aber hervorragend aufgestellten Militär unterstützt werden, das darauf abzielt, das Auftauchen möglicher Rivalen zu vereiteln.«[88]

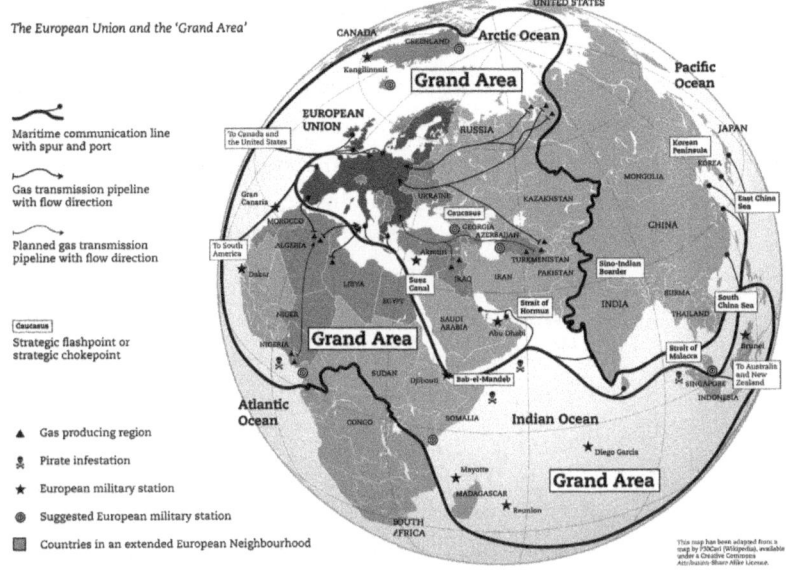

The European Union and the 'Grand Area'

Maritime communication line
with spur and port

Gas transmission pipeline
with flow direction

Planned gas transmission
pipeline with flow direction

Strategic flashpoint or
strategic chokepoint

▲   Gas producing region

⚑   Pirate infestation

★   European military station

◉   Suggested European military station

▨   Countries in an extended European Neighbourhood

This map has been adapted from a
map by FSBCarl (Wikipedia), available
under a Creative Commons
Attribution-Share Alike License.

Auf dieser Basis entwickelte Rogers Kriterien, mit
denen er die Grenzen eines solchen Großraums – von
ihm als »Grand Area« bezeichnet – noch einmal ge-
nauer absteckt und damit gleichsam eine Art Karto-
graphie eines EU-Imperiums vorlegt. Es umfasst große Teile Afrikas, die ölreiche kaspische Region und
den Mittleren Osten, reicht aber auch bis weit nach
Ostasien, wo es gilt, die Schifffahrtsrouten zu kon-
trollieren (siehe Karte). Konkret sollen Länder und
Regionen in die »Grand Area« integriert werden, die
folgendes »Anforderungsprofil« erfüllen:

»Angesichts der Tatsache, dass bestimmte Mächte versucht haben, sich in bestimmten Schlüsselre-
gionen Vorteile zu verschaffen und sich dort einzu-
nisten – häufig zum Nachteil anderer –, sollte die
Europäische Union mehr tun, um die minimale geo-

graphische Zone abzusichern, die für die kontinuierliche Expansion ihrer Wirtschaft benötigt wird. Aus einem geopolitischen Blickwinkel muss diese Zone fünf Kriterien genügen: Sie muss

1. über alle grundlegenden Ressourcen verfügen, die notwendig sind, um die europäische industrielle Produktion und künftige industrielle Bedürfnisse zu decken;

2. alle wesentlichen Handelsrouten, insbesondere Energie-Pipelines und maritime Schifffahrtsrouten aus anderen Regionen ins europäische Heimatland, einschließen;

3. so wenig wie möglich geopolitische Problemfälle enthalten, die zu einer Desintegration der Region führen und damit die künftige wirtschaftliche Entwicklung Europas schädigen könnten;

4. die geringste Wahrscheinlichkeit einer relevanten Beanspruchung durch andere mächtige ausländische Akteure im Vergleich zu ihrer Bedeutung für die europäische Wirtschaft und ihre geopolitischen Interessen aufweisen;

5. eine Region sein, die die Europäische Union am kosteneffektivsten durch eine Ausweitung der Gemeinsamen Sicherheits- und Verteidigungspolitik verteidigen kann.«[89]

Ferner soll die »Grand Area« mit einem dichtmaschigen Netz aus europäischen Militärbasen überzogen und so unter Kontrolle gebracht werden: »Das Konzept der ›Grand Area‹ würde versuchen, diese Länder in ein dauerhaftes EU-geführtes System zu integrieren, das durch Militärbasen, bessere Kommunikationslinien und engere Partnerschaften abgesichert wird – eine europäische Vorwärtspräsenz, um die Notwendigkeit sporadischer Interventionen zu reduzieren.«[90]

Nun könnte man die Ausführungen von Rogers und seinen Kollegen bei der »Group on Grand Strategy« ja als Produkt reichlich fehlgeleiteter Irrläufer abtun, allerdings haben wir es hier keinesfalls mit »geopolitischen Hinterbänklern« zu tun. Es gibt kaum einen größeren Kongress über EU-Strategiefragen, auf dem nicht ein Mitglied der Gruppe prominent vertreten wäre. Das Vertrauen, das von höchster Seite in die beiden Co-Direktoren gesetzt wird, zeigt sich etwa auch daran, dass GoGS-Direktor Luis Simón von der Abteilung Externe Politik des Rates mit der Abfassung einer Studie zur EU-Strategie im Sahel beauftragt wurde, während sein Kollege James Rogers von der EU-eigenen strategischen Denkfabrik, dem »Institute for Security Studies« (EUISS), mit der Erstellung eines der zentralen Papiere zur Zukunft der EU-Militärpolitik betraut wurde, in das große Teile seines »Grand-Area-Konzeptes« einflossen.[91] Vor allem aber besteht das Konzept den Praxistest – die EU-Politik versucht, die imperiale GoGS-Geostrategie, so weit wie es die Umstände zulassen, umzusetzen.

Expansionsphase I: EU-Osterweiterung

Auch prominente Politiker wie Radek Sikorski, bis 2014 polnischer Außenminister, vertreten die Position, eine Expansion in den Nachbarschaftsraum sei erforderlich, um als EU zur Globalmacht aufzusteigen: »Wenn die EU eine Supermacht werden will – und Polen befürwortet dies –, dann benötigt sie die Kapazitäten, um Einfluss in der Nachbarschaft auszuüben. [...] Manchmal müssen wir Gewalt anwenden, um unsere Diplomatie zu unterstützen.«[92] Als Mittel hierfür dient der neoliberale Umbau samt peripherer EU-Eingliederung, die in zwei Phasen verlief. Wie schon die NATO-Expansion, wurde auch die EU-Ausdehnung per formeller Aufnahme neuer Mitglieder bereits frühzeitig mit der Verabschiedung der Kopenhagener Kriterien im Jahr 1993 auf den Weg gebracht. Um formell in die Europäische Union aufgenommen zu werden, mussten sich die Beitrittskandidaten einer neoliberalen Schocktherapie unterwerfen, die im Kern darauf hinauslief, auf sämtliche Schutzmaßnahmen der eigenen Wirtschaft zu verzichten. Die Europäische Union argumentierte dabei in bewährter Manier, dass der verschärfte Wettbewerb mit den – technologisch weit überlegenen und produktiveren – westeuropäischen Unternehmen um Märkte und Aufträge zu erheblichen Effizienz- und damit Produktivitätssteigerungen führen würde, die zumindest mittelfristig auch den Beitrittskandidaten zugutekommen würden. Konkurrenz belebt das Geschäft, so also die Sichtweise der Europäischen Union, die in etwa die Position vertrat (und bis heute vertritt), ein Wettrennen zwischen einem Ferrari und einem VW Käfer sei deshalb fair, weil sie auf derselben Straße fahren: »Die Freihandelsförderung war historisch immer das Vorrecht der Mächtigen. Und die Förderung und Aufrechterhaltung der Ungleichheit war immer eine Voraussetzung für das erfolgreiche Funktionieren der auf Freihandel basierenden kapitalistischen Marktwirtschaft. [...] Die Evozierung der Prinzipien der sportlichen Fairness und des unbehinderten Wettbewerbs ignoriert aber die schreiende Disparität der wirtschaftlichen und politischen Machtverhältnisse im globalen Handel.«[93] Das ganze vor allem von Deutschland vorangetriebene Projekt war demzufolge weder fair noch gerecht: »Die Osterweiterung der Europäischen Union dient vornehmlich dazu, den stärksten Kräften im Westen – den sogenannten ›Global Players‹ – neuen Marktraum zu erschließen und mit Hilfe des Regelwerks des ›Acquis communautaire‹ abzusichern.«[94]

Im Großen und Ganzen war diese Strategie überaus »erfolgreich«: Nachdem den Kandidaten in jahrelangen Verhandlungen weitreichende Zugeständnisse abverlangt worden waren, wurden 2004 und 2007 insgesamt zwölf neue Länder, fast alle in Osteuropa gelegen, als untergeordnete Mitglieder in die EU-Einflusssphäre integriert. Auch wenn das ganze Unterfangen nassforsch als »Erfolgsgeschichte« verkauft wird, sieht die Realität doch gänzlich anders aus: »Das Ergebnis konnte die Kapitalseite mit Stolz erfüllen. Es war nichts weniger als die Herstellung einer wirtschaftlichen Konvergenz bei gleichzeitiger Aufrechterhaltung sozialer und steuerpolitischer

Divergenz. Mit anderen Worten: Der Beitritt zur EU sicherte die meist bereits zuvor getätigten wirtschaftlichen Übernahmen institutionell ab. [...] Die wichtigsten Wirtschaftssektoren wie der Bankenbereich oder die Großindustrie befinden sich in den Händen westeuropäischer, oft deutscher Eigentümer; bei der Automobilindustrie macht deren Anteil in Polen, Tschechien, Ungarn und der Slowakei zwischen 91 und 97 Prozent aus, bei den Banken zwischen 71 und 96 Prozent. Die einzelnen Gesellschaften haben einen rasend schnellen Prozess sozialer und regionaler Auseinanderentwicklung durchlaufen. Auch zwischen den Generationen taten sich tiefe Risse auf; Alte kommen mit ihren Renten nicht über die Runden und Junge suchen ihr Heil in der Emigration. Die offizielle Arbeitslosenstatistik weist – mit der Ausnahme Tschechiens – durchweg zweistellige Prozentzahlen aus.«[95]

Ein wichtiger Grund, weshalb die damaligen osteuropäischen Entscheidungsträger bereit gewesen waren, sich den Vorgaben Brüssels zu unterwerfen, dürfte darin bestanden haben, dass sie hofften, die schmerzhaften Zugeständnisse nach ihrem EU-Beitritt durch ihre Mitspracherechte sukzessive rückgängig machen zu können. Doch da hatten sie die Rechnung ohne die EU-Großmächte gemacht, die noch vor dem Vollzug der Osterweiterung mit dem damaligen EU-Verfassungsvertrag des Jahres 2003 sicherstellten, dass künftig bei der Stimmverteilung im wichtigsten EU-Gremium, dem Rat der Staats- und Regierungschefs, die Einwohnerzahl eines EU-Landes eine weitaus größere Rolle als zuvor spielen würde. Nach nochmaligen heftig umkämpften Verhandlungen trat die neue Regelung schließlich mit dem Vertrag von Lissabon am 1. Dezember 2009 in Kraft und ist nach einer Übergangsfrist seit dem 1. November 2014 gängige Abstimmungspraxis. Dies garantiert, dass die kleinen und mittleren Mitgliedsländer über wenig bis keine Einflussmöglichkeiten auf die EU-Politik verfügen: »Dadurch verschieben sich die Gewichte in der EU erheblich, denn durch die Einführung des Kriteriums der Bevölkerungsgröße verlieren nicht weniger als 23 der 28 Mitgliedsländer an Einfluss in der Union. Relativ gewinnen die großen Staaten Frankreich, Großbritannien, Italien, Spanien und Rumänien dazu. Der eigentliche Gewinner ist aber das mit Abstand bevölkerungsreichste Land der Union: die Bundesrepublik Deutschland. [...] Das neue Abstimmungsverfahren ist ein weiterer Schritt der EU weg von einer Gemeinschaft souveräner und gleichberechtigter Staaten hin zu einer hierarchisch strukturierten Union mit dem Hegemon Deutschland an der Spitze.«[96]

Umgekehrt bedeutet die neue Regelung aber auch, dass die Aufnahme neuer, insbesondere bevölkerungsreicher Staaten die Machtverhältnisse wieder massiv zuungunsten der EU-Großmächte verändern würde, weshalb dies aus genau diesem Grund derzeit auch nicht ernsthaft zur Debatte steht.[97] Vor diesem Hintergrund war und ist die – eigentlich ja erfolgreiche – »Expansion per Erweiterung« nicht weiter anwendbar: »Schon vor dem Vollzug der Osterweiterung 2004 setzten in der EU-Kommission Überlegungen ein, wie es danach weitergehen sollte. [...] Die EU war an die Grenzen ihrer bisherigen Entwicklungsdynamik, der wechselseitigen Bestärkung von Integration und Erweiterung, gelangt. [...] Klar war aber auch, dass ein abruptes Ende der Expansionsdynamik nicht im Interesse der EU sein konnte. [...] Es musste also darum gehen, ein Konzept zu entwickeln, welches eine weitere Expansion der EU zulässt, ohne dass diese Expansion die EU zu weiteren Erweiterungen zwingt. Wie ist Expansion ohne Erweiterung möglich?«[98]

EXPANSIONSPHASE II: EUROPAS IMPERIALE NACHBARSCHAFTSPOLITIK

Die neue EU-Expansionsstrategie wurde bereits im Jahr 2003 mit der Kommissionsmitteilung »Größeres Europa« auf den Weg gebracht, die die Einführung der »Europäischen Nachbarschaftspolitik« (ENP) ein Jahr später vorbereitete. Offiziell ist bei der ENP, die sich gegenwärtig auf 15 Staaten rund um die Europäische Union erstreckt[99], viel die Rede davon, es gehe um die Förderung von Demokratie und Wohlstand. Faktisch wird im Kern aber auf die Übernahme des »Acquis communautaire« (»Besitzstand der Gemeinschaft«), jene über 80.000 Seiten mit allen für die Mitgliedsstaaten verbindlichen Rechtsakten, abgezielt. So hieß es im KOM-Papier »Größeres Europa«: »Der Besitzstand der EU, mit dem ein gemeinsamer Markt auf der Grundlage der Freizügigkeit und des freien Waren-, Dienstleistungs- und Kapitalverkehrs errichtet wurde, auf dem Wettbewerb unter gleichen Bedingungen [...] könnte den Ländern, die institutionelle und wirtschaftliche Reformen durchführen, als Vorbild dienen. [...] Die EU muss daher bereit sein, in enger Partnerschaft mit ihren Nachbarstaaten zusammenzuarbeiten, die weitere Reformen durchführen wollen, und ihnen beim Ausbau ihrer Kapazitäten zu helfen, damit sie ihre Vorschriften an Teile des gemeinschaftlichen Besitzstands angleichen und umsetzen können.«[100]

Hierdurch werden mit der ENP dieselben Ziele wie mit der Osterweiterung verfolgt: Ungeachtet aller hehren Absichten liegt die Priorität eindeutig auf dem neoliberalen Umbau und der – peripheren – Eingliederung der Nachbarländer in die großeuropäische Wirtschafts- und Einflusszone. Nur in einem, allerdings wesentlichen Detail besteht ein Unterschied zur EU-Osterweiterung: Aus oben genannten Gründen war man nicht bereit, den ENP-Staaten eine Beitrittsperspektive in Aussicht zu stellen. Im Kommissionspapier »Größeres Europa« heißt es hierzu lapidar: »Die durch Nähe und Nachbarschaft aufgeworfenen praktischen Fragen sind getrennt von der Frage der Aussicht auf einen EU-Beitritt zu beantworten.«[101] Des Lockmittels einer EU-Mitgliedschaft beraubt, sollen vor allem beträchtliche Geldmittel – allein für das »Europäische Nachbarschaftsinstrument« (ENI) wurden für den Haushalt 2014 bis 2020 fast 15,5 Mrd. Euro eingestellt – Politik und Gesellschaften der Nachbarländer von der Notwendigkeit neoliberaler Reformen »überzeugen«.[102] Die wesentlichen Bestimmungen und Regelungen, um sich als peripher eingegliedertes Absatz- und Investitionsgebiet für das EU-Zentrum zu empfehlen, werden in einem im

Rahmen der Nachbarschaftspolitik ausgehandelten – sprich von der EU oktroyierten – Assoziationsabkommen mit der Europäischen Union bindend festgelegt. Sie stehen damit im Zentrum der aktuellen EU-Expansionsstrategie, wie Joachim Becker, Professor an der Wirtschaftsuniversität Wien, betont: »Die Assoziationsabkommen, welche die EU im postsowjetischen Raum vorantreibt, sind ein Schlüsselelement bei der Ausweitung der EU-Einflusssphäre nach Osten.«[103]

Dementsprechend stieg das zu Anfang der ENP relativ überschaubare Handelsbilanzdefizit der Nachbarschaftsstaaten mit der EU in wenigen Jahren sprunghaft an und belief sich im Jahr 2014 auf 20 Mrd. Euro.[104] Gleichzeitig haben die neoliberalen »Reformen« soziale Verwerfungen verursacht, die erheblich mit zur Destabilisierung der Nachbarschaft beigetragen haben: »Was nicht gesagt wird, ist, dass das Hauptmotiv der wirtschaftlichen Integration darin besteht, die Wettbewerbsfähigkeit der Europäischen Union zu stärken, Ökonomien in die expandierende Wirtschaft des Imperiums (der EU) einzugliedern und Zugang zu natürlichen Ressourcen in der energiereichen Nachbarschaft zu erhalten. Die riesige Ansammlung von Wohlstand und wirtschaftlicher Macht hat der EU einen Hebel gegeben, um marktfreundliche Reformen einschließlich Privatisierung, Handelsliberalisierung und der Übernahme der EU-Regulationsmechanismen aufzuerlegen und gleichzeitig die weiterführenden Debatten in den peripheren Gesellschaften zu umgehen. Dabei riskiert sie allerdings, eher zur Schaffung politischer Destabilisierung denn zu Stabilität beizutragen und die wirtschaftlichen Ungleichheiten in der Nachbarschaft zu vertiefen.«[105]

Vor diesem Hintergrund wurde der »Bedarf« artikuliert, über die Fähigkeiten zu verfügen, um Konflikte im Nachbarschaftsraum notfalls auch militärisch unter Kontrolle bringen zu können, eine Aufgabe, für die sich viele Jahre primär allein die USA zuständig fühlten. So forderte die damalige EU-Außenbeauftragte Catherine Ashton in einem der damals wesentlichen Strategiepapiere zur Vorbereitung des »EU-Rüstungsgipfels« im Dezember 2013: »Das neue Augenmerk der USA für die asiatisch-pazifische Region ist eine logische Konsequenz der geostrategischen Entwicklungen [des Aufstiegs Chinas]. Dies bedeutet auch, dass Europa mehr Verantwortung für seine eigene Sicherheit und die seiner Nachbarschaft übernehmen muss. [...] Die Union muss in der Lage sein, als Sicherheitsgarant – mit Partnern so möglich, autonom wenn nötig – in seiner Nachbarschaft entschieden zu handeln, dies schließt direkte Interventionen ein. Strategische Autonomie muss sich zuerst in der Nachbarschaft der Europäischen Union materialisieren.«[106]

GRENZEN DER MILITARISIERUNG

Wie bereits angedeutet, wird unisono die Auffassung vertreten, umfassende militärische Fähigkeiten seien eine Art Eintrittskarte, um überhaupt im Konzert der Globalmächte mitspielen zu können. So schrieb der ehemalige Leiter der EU-Rüstungsagentur, Nick Wit-

ney: »Der Wert der bewaffneten europäischen Streitkräfte besteht nicht so sehr darin, speziellen ›Gefahren‹ zu begegnen, sondern weil sie ein notwendiges
Instrument von Macht und Einfluss in einer sich
schnell verändernden Welt sind, in der Armeen immer noch wichtig sind.«[107] Auch der ehemalige Präsident des EU-Parlaments, Hans-Gert Pöttering, gab
zu Protokoll: »Politische Gestaltungskraft ist in der
internationalen Politik aber unveränderlich an militärische Stärke gebunden. […] Die EU sollte sich daher
nicht nur in ihrem Wunschdenken und ihrer Rhetorik
zu einem Akteur von globaler Relevanz erklären, sondern sie muss auch die Mittel besitzen und danach
handeln.«[108]

Vor diesem Hintergrund gilt der Ratsgipfel in
Köln im Juni 1999 als offizielle Geburtsstunde für die
Militarisierung der Europäischen Union. Auf ihm
wurde die grundsätzliche Entscheidung getroffen,
eine EU-Eingreiftruppe für globale Kriegseinsätze
aufzustellen. Ein halbes Jahr später wurde auf dem
Folgetreffen in Helsinki vom 10. bis 12. Dezember die
Zielgröße der kurz darauf für einsatzbereit erklärten
Truppe ausgegeben: 60.000 Soldaten (was aufgrund
der erforderlichen Rotation und logistischen Unterstützung einem Gesamtumfang von circa 180.000 Soldaten entspricht). Als ursprüngliches Einsatzgebiet
dieser Truppe waren 4.000 Kilometer rund um Brüssel vorgesehen. Ein Jahr darauf wurden mit dem
Beschluss zur Einsetzung eines Militärausschusses,
eines Militärstabs und eines Politischen und Sicherheitspolitischen Komitees auch die organisatorischen
Rahmenbedingungen für eine Militärmacht EUropa

an den Start gebracht. 2004 folgte zusätzlich noch die Aufstellung von Kampftruppen (»Battlegroups«), 1.500 Mann starke Einheiten, die innerhalb von 15 bis 30 Tagen einsatzbereit sein sollen und von denen stets zwei auf Abruf bereitstehen.

Mit der »Europäischen Sicherheitsstrategie« wurde zudem bereits im Dezember 2003 der strategische Rahmen für eine offensive Ausrichtung geschaffen: »Unser herkömmliches Konzept der Selbstverteidigung, das bis zum Ende des Kalten Krieges galt, ging von der Gefahr einer Invasion aus. Bei den neuen Bedrohungen wird die erste Verteidigungslinie oftmals im Ausland liegen. Die neuen Bedrohungen sind dynamischer Art. [...] Wir müssen eine Strategiekultur entwickeln, die ein frühzeitiges, rasches und wenn nötig robustes Eingreifen fördert.«[109] Im selben Jahr starteten die ersten Einsätze im Rahmen der »Gemeinsamen Sicherheits- und Verteidigungspolitik« (GSVP[110]) – »Concordia« in Mazedonien und »Artemis« im Kongo. Der Artemis-Einsatz war dabei aus mindestens zwei Gründen besonders bedeutsam: Einmal, weil er vollständig ohne Rückgriff auf die NATO (und damit die USA) erfolgte; und zum anderen, weil der Kongo weiter als 4.000 Kilometer von Brüssel entfernt liegt, womit diese, ohnehin schon überschaubare geographische Einschränkung ad acta gelegt wurde.[111]

Ein schwerer Rückschlag für das Militarisierungsprojekt war dann aber, dass der 2002 ausgehandelte und 2003 von den Staats- und Regierungschefs unterzeichnete EU-Verfassungsvertrag bei den Referenden in den Niederlanden und Frankreich 2005 baden ging. Der Vertrag enthielt mehrere institutionelle »Innovationen«, mit denen der Ausbau des EU-Militärapparats erheblich vorankommen sollte. Das erklärt auch, weshalb sich viele einen Quantensprung im Militärbereich versprachen, als das Machwerk schlussendlich mit viel Tricksereien doch noch nahezu unverändert durchgedrückt werden konnte und am 1. Dezember 2009 als Vertrag von Lissabon in Kraft trat. Doch die Ergebnisse blieben weit hinter den Erwartungen zurück, was vor allem damit zusammenhing, dass Großbritannien die Umsetzung der wichtigsten Passagen des Vertrags und auch andere Militarisierungsinitiativen torpedierte. Spätestens die »Performance« während des von EU-Seite geführten NATO-Krieges in Libyen 2011 führte zur allseitigen Ernüchterung. Ein Artikel in der *if – Zeitschrift für Innere Führung* der Bundeswehr beklagte, der Einsatz habe die »Macht- und Hilflosigkeit« der Europäer vor Augen geführt und habe das »Desaster« der GSVP »perfekt« gemacht.[112]

LIBYEN: EUROPAS POLITISCH-MILITÄRISCHER OFFENBARUNGSEID

Der letzte große NATO-Einsatz vor der Eskalation der Ukraine-Krise ereignete sich 2011 in Libyen. Er erfolgte vor dem Hintergrund des katastrophalen Verlaufs sowie der hohen finanziellen, personellen und damit politischen Kosten der Großeinsätze im Irak und in Afghanistan, die nicht nur in der Bevölkerung zu einer wachsenden Skepsis gegenüber Militärinterventionen mit teils über hunderttausend Bodentruppen geführt hatten. Auf der anderen Seite, das unterstrich nicht zuletzt die Neufassung der NATO-Strategie aus dem Jahr 2010, wollte man unter keinen Umständen von der Interventionsagenda Abstand nehmen. Bereits früh ging aus diesem Grund die Suche nach Einsätzen und Interventionsformen los, die »effizienter« und »kostengünstiger« in der Lage sein sollten, die eigenen Ambitionen durchzusetzen.

Als Resultat wird mittlerweile mehr und mehr auf Interventionen gesetzt, die auf eines, zwei oder alle drei der folgenden Elemente setzen: Luftschläge (gegebenenfalls mit Drohnen); Bodeneinsätze allenfalls mit Spezialeinsätzen; und die Aufrüstung und Ausbildung lokaler Kräfte, die dann stellvertretend das Gros der Kampfhandlungen übernehmen sollen. Der wohl wichtigste Prototyp für diese neue Form von Intervention war der am 19. März 2011 von einer Ad-hoc-Koalition begonnene Krieg gegen Libyen. Am 31. März 2011 ging die gesamte Kriegsführung dann auf die »Operation Unified Protector« (OUP) und damit auf die NATO über. Tatsächlich setzte der Krieg, bis auf den Einsatz von Spezialeinheiten, ausschließlich auf Luftschläge sowie lokale Kräfte. Auch wurde nach seiner Beendigung am 30. Oktober 2011, acht Tage, nachdem der Machthaber Muammar al-Gaddafi ermordet worden war, im Gegensatz zu den NATO-Einsätzen im Kosovo und in Afghanistan auf eine militärische Besatzung am Boden verzichtet.

Mit dem Einsatz wurde ein erneuter Versuch unternommen, NATO-Interventionen eine größtmögliche völkerrechtliche Beinfreiheit zu verschaffen.

Dies geschah, indem die UN-Resolution 1973, die zwar unter anderem die Einrichtung einer Flugverbotszone vorsah, allerdings keineswegs einen Blankoscheck für den Sturz Gaddafis ausstellte, vom Westen gegen den erklärten Widerstand Russlands und Chinas völlig haltlos als genau dies zurechtinterpretiert wurde.[113] Die libysche Regierung sei aufgrund der Androhung von Massakern in Bengasi ihrer in der UN-Resolution betonten »Verantwortung zum Schutz« (»Responsibility to Protect«, R2P) der Bevölkerung nicht nachgekommen, was ihren Sturz legitimiere, so die damalige Begründung der Angriffe. Später erwiesen sich diese wie auch andere gegen die Gaddafi-Regierung erhobene Anschuldigungen als haltlos, und aus inzwischen freigeklagten Mails der damaligen US-Außenministerin Hillary Clinton geht hervor, dass zumindest sie sich hierüber auch vollkommen im Klaren war – und damit wohl auch die restlichen US-Regierungsmitglieder und die NATO-Verbündeten.[114]

Den wohl bedeutsamsten Aspekt der Libyen-Intervention stellt die Tatsache dar, dass die USA dabei bereitwillig ins zweite Glied zurücktraten (»leading from behind«). Es waren Frankreich und Großbritannien, die die Führung des Einsatzes übernahmen, was nur wenige Jahre zuvor undenkbar gewesen wäre. Doch kurz nach Kriegsbeginn ging den EU-Verbündeten die Munition aus, und es wurde offensichtlich, dass sie nicht in der Lage waren, eine große Operation ohne die USA durchzuführen. Parallel dazu verweigerten Deutschland und andere Verbündete gleich ganz die Beteiligung. Gerade das wirtschaftlich stärkste Land der EU hatte damit aus Sicht der USA einmal mehr seine Aversion gegenüber harter Machtpolitik unter Beweis gestellt und die EU sich als unfähig erwiesen, die viel beschworene Lastenteilung in die Praxis umzusetzen.

Dies veranlasste den damaligen US-Verteidigungsminister Robert Gates noch während des Krieges zu einer Brandrede: »Das mächtigste Bündnis aller Zeiten ist gerade mal seit elf Wochen gegen ein schlecht bewaffnetes Regime in einer wenig bevölkerten Region im Einsatz – und schon beginnt vielen Verbündeten die Munition auszugehen«, wetterte er. »Und die USA müssen wieder einmal einspringen.« Seit 2001 sei der US-Anteil an den NATO-Militärausgaben von 50 Prozent auf mittlerweile 75 Prozent in die Höhe geschossen, so die weitere Kritik. Setze sich dies fort, so steuere die NATO in eine »düstere Zukunft«, so die abschließende Prognose.[115]

Für die Schwierigkeiten der EUropäer, ihren Teil des »Transatlantischen New Deals« zu erfüllen, waren mehrere Faktoren verantwortlich. Es fiel allen EU-Verbündeten schwer, gegenüber ihrer Bevölkerung eine Erhöhung der Rüstungsausgaben zu rechtfertigen; dies traf vor allem auf das wirtschafts- und bevölkerungsstärkste EU-Land zu, in dem sowohl in der Bevölkerung als auch – einige Zeit zumindest – unter den politischen Entscheidungsträgern eine große Skepsis gegenüber Militäreinsätzen herrschte; und schließlich war es, wie bereits beschrieben, Großbritannien, das lange, selbst als die USA hier längst ihren Widerstand aufgegeben hatten, »Fortschritte« beim Ausbau des EU-Militärapparats blockierte.

Diese Rahmenbedingungen haben sich in den letzten Jahren allerdings rapide geändert. Die Krise in der Ukraine ab November 2013 wurde dazu genutzt, auf Konfrontationskurs mit Russland zu gehen, wobei die Dämonisierung Wladimir Putins aktuell dazu dient, eine Reihe neuer Aufrüstungsprojekte zu legitimieren; die Bundesregierung hat sich spätestens mit der Münchner Sicherheitskonferenz Anfang 2014 lautstark von der »Kultur der militärischen Zurückhaltung« verabschiedet; und schließlich könnte der wahrscheinliche Austritt Großbritanniens den bislang größten Stolperstein auf dem Weg zur weiteren Militarisierung der EU aus dem Weg räumen.

4. Ukraine-Krise und die Aufrüstung der NATO-Ostflanke

Wie belastet das westlich-russische Verhältnis inzwischen ist, führte ein Schlagabtausch vor Augen, den sich NATO-Generalsekretär Jens Stoltenberg und der russische Ministerpräsident Dmitri Medwedew bei der Münchner Sicherheitskonferenz Anfang 2016 lieferten: »Wir beobachten ein aggressives Russland. Ein Russland, das die europäische Sicherheitsordnung destabilisiert«, eröffnete Stoltenberg. »Die NATO unternimmt die größte Stärkung ihrer kollektiven Verteidigung seit Jahrzehnten. Das Ziel ist es, ein machtvolles Signal auszusenden, um jedwede Aggressionen und Einschüchterungsversuche abzuschrecken. Dies geschieht nicht, um Krieg zu führen, sondern um Krieg zu verhindern.«[116] Wie nicht weiter verwunderlich, wollte sich Medwedew dieser Sichtweise nicht anschließen und antwortete mit einer scharfen Replik: »Wir glauben, dass die Politik der NATO gegenüber Russland weiter unfreundlich und unerbittlich ist. Man kann es auch schärfer sagen: Im Grunde sind wir in die Zeit eines neuen Kalten Krieges gerutscht. Russland wird als die größte Gefahr für die NATO dargestellt, oder für die USA, oder für Europa und andere Länder (und Herr Stoltenberg hat genau dies gerade untermauert). Sie zeigen angsteinflößende Filme über ein Russland, das einen Atomkrieg beginnt. Ich bin manchmal irritiert: Haben wir 2016 oder 1962?«[117]

Wie zuvor ausführlich beschrieben, fielen die Konflikte nicht vom Himmel, sondern haben eine lange Vorgeschichte. Der landläufigen Meinung, Russland sei für die Eskalation in der Ukraine und im Verhältnis zum Westen verantwortlich zu machen, widerspricht unter anderem John J. Mearsheimer, einer der bekanntesten US-Politikwissenschaftler: »Im Westen gilt es als gesicherte Erkenntnis, dass an der Ukraine-Krise maßgeblich die aggressive Haltung der Russen schuld ist. [...] Doch diese Darstellung ist falsch: Die Hauptschuld an der Krise tragen die USA und ihre europäischen Verbündeten. An der Wurzel des Konflikts liegt die NATO-Osterweiterung, Kernpunkt einer umfassenden Strategie, die Ukraine aus der russischen Einflusssphäre zu holen und in den Westen einzubinden. Dazu kamen die EU-Osterweiterung und die Unterstützung der Demokratiebewegung in der Ukraine durch den Westen, beginnend mit der Orangenen Revolution 2004. Seit Mitte der 1990er Jahre lehnen russische Staatschefs eine NATO-Osterweiterung entschieden ab, und in den vergangenen Jahren haben sie unmissverständlich klargemacht, dass sie einer Umwandlung ihres strategisch wichtigen Nachbarn in eine Bastion des Westens nicht untätig zusehen würden. Das Fass zum Überlaufen brachte der unrechtmäßige Sturz des demokratisch gewählten pro-russischen Präsidenten der Ukraine; Putin sprach zu Recht von einem ›Staatsstreich‹.«[118]

Russland reagierte auf diese Entwicklungen unter anderem, indem es die Krim zwar nicht annektierte, wie der Westen lautstark beklagt, wohl aber mit ihrer Aufnahme gegen das Völkerrecht verstieß.[119] Auch wenn das genaue Ausmaß unbekannt ist, scheint zudem auch eindeutig, dass die separatistischen Kräfte im Osten des Landes in nicht unerheblichem Maße durch Moskau unterstützt werden, wodurch sich in der Ukraine ein Stellvertreterkrieg entwickelt hat, dem nach UN-Angaben bis August 2016 fast 9.500 Menschen zum Opfer fielen.

So tragisch die Ereignisse in der Ukraine selbst sind, noch bedrohlicher ist die Tatsache, dass sie als Ausgangspunkt und Rechtfertigung für eine bis zu diesem Zeitpunkt kaum für denkbar gehaltene antirussische Mobilmachung der NATO dienten. Vor allem drei Aspekte stehen seither im Vordergrund: der Aufbau einer neuen Ultraschnellen NATO-Eingreiftruppe; der Ausbau der Manövertätigkeiten; und die Etablierung einer dauerhaften Militärpräsenz an der NATO-Ostflanke. Faktisch wurde hierdurch die NATO-Russland-Akte aus dem Jahr 1997 aufgekündigt, in der es hieß: »Die NATO und Russland betrachten einander nicht als Gegner.«[120]

SHOWDOWN IN DER UKRAINE

Sowohl die NATO, aber auch die EU waren sich darüber im Klaren, dass die praktizierte Erweiterungspolitik früher oder später zu heftigen Konflikten mit Russland führen würde – und ganz offensichtlich wurde dies auch billigend in Kauf genommen. So schrieb der frühere deutsche Außenminister Joschka Fischer: »Die EU wird begreifen müssen, dass sie in ihrer östlichen und südlichen Nachbarschaft nicht in einem interessefreien Raum handelt, sondern dass sie dort mit widerstreitenden Interessen anderer Mächte, ja mit Rivalen konfrontiert wird. […] Die Erweiterungspolitik der EU […] ist ein unverzichtbarer Bestandteil der Sicherheit der Europäischen Union, ja ihre entscheidende Machtprojektion nach außen in ihre geopolitische Nachbarschaft.«[121]

Unter den verschiedenen »blockfreien« Ländern zwischen der Europäischen Union und Russland stellt die Ukraine aufgrund ihres Bevölkerungs- und Rohstoffreichtums, besonders aber auch wegen ihrer geographischen Lage eine Art geopolitisches Filetstück dar. Aus westlicher Sicht wurde die Bedeutung des Landes unmissverständlich von Zbigniew Brzezinski, dem wohl wichtigsten Geopolitiker der USA, bereits 1997 folgendermaßen beschrieben: »Die Ukraine, ein neuer und wichtiger Raum auf dem eurasischen Schachbrett, ist ein geopolitischer Dreh- und Angelpunkt, weil ihre bloße Existenz als unabhängiger Staat zur Umwandlung Russlands beiträgt. Ohne die Ukraine ist Russland kein eurasisches Reich mehr. […] Da die EU und die NATO sich nach Osten ausdehnen, wird die Ukraine schließlich vor der Wahl stehen, ob sie Teil einer dieser Organisationen werden möchte. […] Obwohl dies Zeit brauchen wird, kann der Westen […] schon jetzt das Jahrzehnt zwischen 2005 und 2015 als Zeitrahmen für eine sukzessive Eingliederung der Ukraine ins Auge fassen.«[122]

Tatsächlich ist die Ukraine für Russland allein schon aus militärstrategischer Sicht von immenser Bedeutung, wie der Chef des privaten Nachrichtendienstes »Strategic Forecasting«, George Friedman, hervorhebt: »Sollte Russland Weißrussland oder die Ukraine verlieren, verliert es seine strategische Tiefe, die wesentlich mit seiner Fähigkeit zusammenhängt, das russische Kernland verteidigen zu können.«[123] Insofern überrascht es nicht, dass auch Moskau augenscheinlich bestrebt war, das Land fest in seine Einflusssphäre zu integrieren. Diese Absicht wird jedenfalls in einem semi-offiziellen Regierungspapier aus dem Jahr 2013, das Berichten zufolge vom engen Putin-Berater Sergej Glasjew mitverfasst worden sein soll, geäußert: »Das Ziel ist laut dem Dokument, die Ukraine bis zu den Wahlen 2015 in den Schoß der russischen Zollunion zu holen. Dazu soll durch die Unterstützung russlandfreundlicher Meinungsmacher der pro-europäische Einfluss in den ukrainischen Medien ›neutralisiert‹ werden. Außerdem sollen gen Westen orientierte Oligarchen ›sanktioniert‹ werden. Nach den ukrainischen Wahlen sollen zudem die pro-europäischen Staatsdiener – insbesondere im Außen- und Verteidigungsministerium – ›diskreditiert‹ und aus ihren Ämtern gejagt werden. Bei ihnen handle es sich nämlich um ›De-facto-Agenten des euroatlantischen Einflusses‹.«[124]

Insofern stellte aus russischer Sicht der – nach der Orangenen Revolution 2004 – zweite Versuch, die Ukraine fest in die westliche Einflusssphäre zu integrieren, einen direkten Angriff auf seine elementaren Interessen dar. Ausgangspunkt der Eskalation war dann die Entscheidung des in von der OSZE als frei und fair bezeichneten Wahlen an die Macht gekommenen Viktor Janukowitsch, die Unterzeichnung eines Assoziationsabkommens zwischen seinem Land und der Europäischen Union im November 2013 auf Eis zu legen. Damit handelte er sich mächtige Feinde ein, da solch ein Assoziationsabkommen einen gleichzeitigen Beitritt zur russisch geführten »Eurasischen Wirtschaftsunion« unmöglich macht (und umgekehrt). Faktisch ging es hier also um die nahezu irreversible ökonomische und militärische Einbindung der Ukraine in die westliche Einflusssphäre. Diese geopolitische Bedeutung des Abkommens wurde in den westlichen Massenmedien selten klar benannt – eine wohltuende Ausnahme war der konservative Historiker Michael Stürmer in der *Welt*: »Putin will die Eurasische Zollunion, die EU will Kiew mit einem Assoziierungsabkommen Richtung Westen bewegen [...] Sichtbar geht es um Visa, Handel und Fördergeld aus Brüssel, unsichtbar um Geopolitik. [Beim] Assoziationsabkommen EU-Ukraine [steht] mehr auf dem Spiel [...] als Handel und Wandel. Es geht um die Seele der Ukraine und die Machtgeometrie Europas.«[125]

Bereits kurz nach der prowestlichen »Orangenen Revolution« im Jahr 2004 gab die Europäische Kommission eine Studie in Auftrag, die die Auswirkungen eines »Tiefen und umfassenden Freihandelsabkommens« zwischen der Ukraine und der Europäischen Union untersuchen sollte. Betraut wurden hiermit das »Centre for European Policy Studies« (CEPS), das »Institut für Weltwirtschaft« (IFW) und das »International Centre for Policy Studies« (ICPS), die zu dem Ergebnis gelangten, ein solches Freihandelsabkommen werde sich für beide Seiten sehr vorteilhaft auswirken.[126] Auf dieser Basis wurden die

Verhandlungen über ein Assoziationsabkommen, das als Kernbestandteil ein solches »Tiefes und umfassendes Freihandelsabkommen« enthalten sollte, aufgenommen, die 2012 in ein unterschriftsreif vorliegendes Dokument mündeten.[127]

Glaubt man den Verlautbarungen diverser EU-Offizieller, so kann die Ukraine durch das Abkommen auf einen regelrechten Wirtschaftsboom hoffen. So prognostizierte Stefan Füle in seiner Zeit als EU-Erweiterungskommissar, nach Abschluss des Assoziationsabkommens sei mit einer Verdopplung der ukrainischen Exporte in die EU und einem Anstieg des Bruttoinlandsprodukts um insgesamt 12 Prozent zu rechnen.[128] Eine sorgsame Betrachtung des Dokuments, das exemplarisch für die Vereinbarungen mit anderen Nachbarländern ist, lassen an dieser Einschätzung allerdings erhebliche Zweifel aufkommen.

Grundsätzlich wird die Ukraine darauf verpflichtet, nicht nur den aktuellen EU-Rechtsbestand zu übernehmen, sondern auch alle künftigen Gesetze Brüssels auf nationaler Ebene einzuführen. Faktisch wird die Ukraine damit ein nicht-stimmberechtigtes Mitglied des europäischen Binnenmarktes, das über keinerlei Mitspracherechte verfügt, was in Brüssel entschieden wird, dies aber zu befolgen hat: »Ein Rechtsakt, der einer EU-Verordnung oder einem EU-Beschluss entspricht, ist unverändert in die innerstaatliche Rechtsordnung der Ukraine zu überführen.« (Anhang XVII, Artikel 2a)

Weiter heißt es in dem Papier: »Die Vertragsparteien errichten während einer Übergangszeit von höchstens zehn Jahren […] schrittweise eine Freihandelszone.« (Titel IV, Artikel 25) Für die Umsetzung dieses Zieles müssen unter anderem Zölle, mit denen ein Land zum Schutz seiner Wirtschaft Waren eines anderen Landes verteuern kann, nahezu komplett abgeschafft werden: »Jede Vertragspartei senkt oder beseitigt Zölle auf Ursprungswaren der anderen Vertragspartei im Einklang mit den Stufenplänen in Anhang I-A dieses Abkommens (im Folgenden ›Stufenpläne‹).« (Titel IV, Artikel 29, Absatz 1) Wer den hochgradig irritierenden Versuch unternimmt, nachzuvollziehen, was sich hinter Anhang I-A verbirgt, sieht sich mit einer etwa 1.500 Seiten langen Liste konfrontiert, in der Details zu den künftigen Zöllen für nahezu jedes erdenkliche Produkt festgelegt werden. Dankenswerterweise hat die Europäische Kommission selbst hier zur Klärung beigetragen, indem sie in einem Hintergrundpapier verdeutlichte, dass durch das Assoziationsabkommen die Zölle um 99,1 Prozent (Ukraine) beziehungsweise 98,1 Prozent (EU) abgesenkt werden.[129]

Darüber hinaus werden auch sogenannte nicht-tarifäre Handelshemmnisse – etwa Mengenbegrenzungen – faktisch verboten (Titel IV, Artikel 35). Eine weitere Passage mit erheblicher Tragweite verbirgt sich hinter der unscheinbaren Überschrift »Annäherung von technischen Vorschriften, Normen und Konformitätsbewertungen« (Titel IV, Artikel 56, Absatz 1). Dort wird die Ukraine auf die Übernahme europäischer Produktions- und Zertifizierungsstandards verpflichtet, um überhaupt Waren in der EU verkaufen zu dürfen. Dazu dürften aber in nahezu sämtlichen ukrainischen Betrieben derart umfassende Investitionen nötig sein, dass dies eine fast unüberwindliche Handelsbarriere darstellt, die nur dort durchlässig werden dürfte, wo dies seitens der EU explizit gewünscht wird.

Es liegt auf der Hand, dass sich der »freie und faire Wettbewerb« mit den produktiveren und technisch deutlich weiter fortgeschrittenen westeuropäischen Unternehmen für die ukrainischen Betriebe unter solchen Bedingungen als hochgradig nachteilig entpuppen dürfte, wie auch der bereits zitierte Professor an der Wirtschaftsuniversität Wien, Joachim Becker, kritisiert: »Die geo-ökonomische und geo-politische Stoßrichtung der Abkommen wird im Fall der Ukraine besonders augenfällig. Weit über die Handelsliberalisierung hinausgehend, soll die Ukraine teilweise in den EU-Binnenmarkt integriert werden. Das würde bedeuten, dass die Ukraine substanzielle Teile der Wirtschaftsgesetzgebung der EU übernimmt. Die Ukraine würde nicht nur Möglichkeiten des Außenschutzes für die nationale Ökonomie verlieren, sondern auch Schlüsseloptionen für die nationalstaatliche Industriepolitik (z. B. über öffentliche Ausschreibungen). [...] Eine ›tiefe und umfassende‹ Freihandelszone ist Kernbestandteil des Abkommens. Für die Ukraine dürfte ›vertiefter‹ Freihandel und die Übernahme von Kernbestandteilen der EU-Wirtschaftsgesetzgebung allerdings auf eine Vertiefung der De-Industrialisierung und vertiefte Abhängigkeitsstrukturen hinauslaufen.«[130]

Deshalb ist es auch nicht verwunderlich, dass nicht allein auf russischen Druck hin auch innerhalb der Janukowitsch-Regierung die Skepsis gegenüber dem Abkommen immer weiterwuchs. Dies hatte sicher auch mit der Sorge zu tun, »ihre« Oligarchen könnten künftig bei der Ausplünderung der Ukraine zu kurz kommen. Aber auch die Einschätzung, das Abkommen werde erhebliche negative wirtschaftliche Auswirkungen nach sich ziehen, spielte eine wichtige Rolle. Von westlicher Seite wurden die Auswirkungen auf den Handel mit Russland mit einem Exportrückgang in der Größenordnung von jährlich 3 Mrd. Dollar zwar als vergleichsweise gering eingestuft. Allerdings lagen Janukowitsch auch ganz andere Zahlen vor, nämlich die 160 Mrd. Dollar, die als Größenordnung vom »Institute for Economics and Forecasting at the National Academy of Sciences of Ukraine« für die Kosten sämtlicher Anpassungsleistungen errechnet worden waren.[131]

In dieser Situation, in der seitens der EU kein Jota von der eigenen Position abgewichen wurde, stellte Russland auch noch beträchtliche Vergünstigungen in Aussicht: einen Preisnachlass auf Gaslieferungen von circa 3 Mrd. Dollar jährlich und den Aufkauf von Staatsanleihen in Höhe von 15 Mrd. Dollar. Zynisch gesagt, wurde die EU also in einem Bieterwettbewerb von Russland klar ausgestochen, weshalb es durchaus nachvollziehbar war, dass sich die Janukowitsch-Regierung im November 2013 dann endgültig entschied, das Abkommen zumindest vorläufig zu versenken. Nicht zuletzt in Deutschland hatte er sich hiermit – vorsichtig formuliert – nicht gerade beliebt gemacht.

Die vom Westen nach der Ablehnung des Assoziationsabkommens massiv unterstützten Maidan-Proteste mündeten darin, dass der ukrainische Präsident Viktor Janukowitsch von faschistischen Kräften unter Gewaltandrohung im Februar 2014 regelrecht aus dem Land gejagt wurde. Schnell wurde daraufhin eine prowestliche Übergangsregierung vom Westen anerkannt, die sofort einen dezidiert antirussischen Kurs einschlug – etwa indem der eigentlich unkündbare Pachtvertrag für die auf der Krim stationierte russische Schwarzmeerflotte aufgekündigt werden sollte. Später unterzeichnete sie auch den Assoziationsvertrag und trat somit mehr oder weniger offiziell dem westlichen Lager bei. Einiges spricht deshalb dafür, sich der russischen Sichtweise anzuschließen, in der Ukraine habe sich ein Putsch ereignet – oder mit anderen Worten: eine feindliche westliche Übernahme. Die bereits beschriebene Reaktion Russlands, vor allem die Unterstützung der Separatisten in der Ostukraine sowie die Aufnahme der Krim im März 2014, bildete dann wiederum die Legitimationsfolie, mit der die NATO ihrerseits die nächsten Stufen der Eskalationsleiter erklimmen konnte.

Ultraschnelle Eingreiftruppe

Rasch nach der russischen Aufnahme der Krim begann die NATO mit Gegenmaßnahmen. Dazu gehörte die Vervierfachung der Kampfjets zur Luftüberwachung des Baltikums, der Ausbau der maritimen Präsenz im Schwarzen Meer, die Ausweitung der Manöver und die Einstellung jeder Kooperation mit Russland. Vor diesem Hintergrund konstatierte der damalige

NATO-Generalsekretär, Anders Fogh Rasmussen, im Mai 2014 zufrieden: »Wir haben bereits unmittelbare Maßnahmen ergriffen: mehr Flugzeuge in der Luft, mehr Schiffe auf dem Meer und mehr Manöver am Boden.«[132] Um dem Ganzen aber einen festen Rahmen zu geben, wurde auf dem NATO-Gipfel in Wales im September 2014 der »Bereitschafts-Aktionsplan« (»Readiness Action Plan«, RAP) verabschiedet.[133]

Wichtigster Bestandteil des RAP war der Beschluss zur Aufstellung einer »Ultraschnellen Eingreiftruppe« (»Very High Readiness Joint Task Force«, VJTF). Sie soll laut NATO sowohl an der südlichen als auch der östlichen Peripherie des Bündnisses eingesetzt werden können, ist aber augenscheinlich vor allem für Einsätze im unmittelbaren Umfeld Russlands gedacht. Dies legen jedenfalls die Standorte der acht »NATO Force Integration Units« (NFIUs) nahe, die als »Sprungbretter« für Einsätze der VJTF fungieren sollen. Sie nahmen ab September 2015 ihre Arbeit auf und verfügen über eine verhältnismäßig kleine Besatzung von je etwa 40 Soldaten. Allesamt liegen sie in Osteuropa: in Estland, Lettland, Litauen sowie der Slowakei, Ungarn, Polen, Rumänien und Bulgarien.

Als Umfang der auch als »Speerspitze« bezeichneten Einheit wird in den Medien meist die Zahl von 5.000 Soldaten genannt. Ein Blick in das offizielle Fact Sheet der NATO offenbart allerdings, dass es sich hierbei wohl lediglich um die VJTF-Bodenkomponente handelt, weshalb die Gesamtstärke der Truppe mit 20.000 Soldaten angegeben wird. Um die Funktion als »zweite Welle« nach einem VJTF-Einsatz »besser« erfüllen zu können, wurde darüber hinaus das

Kontingent der »Schnellen Eingreiftruppe« (»NATO Response Force«, NRF) deutlich von 13.000 zunächst auf 30.000 und dann auf 40.000 Soldaten nach oben geschraubt.[134]

Die »Speerspitze« wurde unter Führung Deutschlands unter anderem mit 2.700 Bundeswehr-Soldaten aufgebaut – 2019 wird die Bundeswehr erneut die VJTF-Leitung übernehmen. Das Verteidigungsministerium verkündete stolz, bei der NATO-Speerspitze habe Deutschland die »Schlüsselrolle«.[135] Um künftig alle Manöver und möglichen Einsätze in Osteuropa leiten zu können, wurde ferner das Multinationale Korps Nord-Ost in Stettin unter polnisch-deutscher Führung massiv ausgebaut. Bis Mitte 2017 soll es als »High Readiness Force Headquarter« in der Lage sein, Einsätze bis zu Korpsgröße (50- bis 60.000 Soldaten) zu leiten.

Manöver in den Neuen Kalten Krieg

Bereits unmittelbar nach Ausbrechen der Ukraine-Krise wurde die Zahl der Manöver drastisch erhöht: Allein 2014 wurden 162 NATO-Übungen abgehalten, nach offiziellen Angaben rund doppelt so viele wie ursprünglich geplant. Im darauffolgenden Jahr stieg die Zahl dann dramatisch auf etwa 280 an, um dann 2016 mit ungefähr 240 Manövern nur wenig zurückzugehen.[136]

Manche dieser Übungen basieren auf regelrecht beängstigenden Szenarien: »Ein Artikel des Nachrichtenportals German-Foreign-Policy.com (GfP) vermittelt einen ersten Eindruck, welche Szenarien bei besagten Manövern im Zentrum stehen. So habe das Marienberger Panzergrenadierbataillon 371 Ende Mai 2014 an der Übung ›Reliable Sword‹ teilgenommen: ›Dieser lag nach Angaben des Verteidigungsministeriums der Niederlande folgendes Szenario zugrunde: ›Bewaffnete Aufständische gefährden die Stabilität eines fiktiven Landes. Um den inneren Frieden wieder herzustellen, hat die Regierung die internationale Gemeinschaft um Hilfe gebeten.‹ Das Drehbuch beinhaltete in erster Linie klassische Luftlandeoperationen, die das Ziel verfolgten, den Widerstand der Insurgenten gewaltsam zu brechen. Ähnliches spielte sich im September 2014 im norwegischen Elverum ab, wo Teile des Panzergrenadierbataillons 371 in das Manöver ›Noble Ledger‹ involviert waren. Auch hier ging es um die militärische Bekämpfung von Separatisten, die für die ›illegale Unabhängigkeitserklärung‹ einer Provinz eines fiktiven Staates verantwortlich gemacht wurden. Die deutlichen Parallelen zur Situation in der Ukraine waren dabei offensichtlich beabsichtigt; wie die Bundeswehr erklärte, habe das Szenario ›im aktuellen politischen Umfeld sehr real‹ gewirkt.‹«[137]

Auch die NATO-Stabsrahmenübung »Trident Joust«, die Mitte Oktober 2014 stattfand, spricht Bände: »Nach einem aus Norden vorgetragenen Angriff des Landes Bothnien auf die zu Estland gehörende Insel Hiiumaa geht es darum, die feindlichen Kräfte zurückzuwerfen. Eine französische und eine amerikanische Brigade führen Offensivaktionen gegen die zurückweichenden, nur noch hinhaltend kämpfenden gegnerischen Truppen durch; die Nato verfügt über die Luft- und die Seeherrschaft. [...] Kern der übungshalber zugunsten Estlands eingesetzten Task-Force bildete die Nato Response Force (NRF). [...] Die Mischung von echten und fiktiven Länderbezeichnungen und Staatsgrenzen verlangte zwar einiges Abstraktionsvermögen, die Bewaffnung des Angreifers, beispielsweise mit ballistischen Boden-Boden-Raketen vom Typ Scud-D, ließ aber keine Zweifel darüber aufkommen, dass mit Bothnien Russland gemeint war. Kurz vor Übungsabbruch verhinderte die Nato, dass Bothnien ein Fait accompli schaffen konnte. Vor diesem Hintergrund wurde außerhalb des Übungsgeschehens denn auch immer wieder auf die strategische Zäsur hingewiesen, welche die Annexion der Krim durch Präsident Putin geschaffen hat.«[138]

Als letztes Beispiel sei hier noch »Anakonda« im Juni 2016 angeführt, die mit 31.000 Soldaten eine der größten NATO-Übungen in Osteuropa seit dem Ende des Kalten Krieges war. Auch hier lässt das Szenario wenig Fragen offen, gegen wen die Übung gerichtet war: »Von der Ostsee aus wird Polen von einer ›roten Gruppe‹ attackiert, aus Ländern mit Fantasienamen wie Bothnia oder Torrike. Gleichzeitig sickern bei der Übung nicht markierte Soldaten von Norden und Süden ein. Man muss kein Experte sein, um das Szenario zu verstehen.«[139]

Wie wahrscheinlich ein solcher Angriff ist oder aus welchen Gründen ihn Russland unternehmen sollte, darüber schweigt sich das Bündnis aus. Dennoch dient das Argument, Truppen würden benötigt, um eine solche russische Aggression abzuschrecken, aktuell als Rechtfertigung für die dauerhafte Stationierung von Truppen an der NATO-Ostflanke.

VERSTÄRKTE VORWÄRTSPRÄSENZ AN DER OSTFLANKE

Außerhalb des NATO-Rahmens sind es vor allem die USA, die mit der im Juni 2014 verkündeten »European Reassurance Initiative« (ERI) die Aufrüstung der Ostflanke vorantreiben. Ihre Mittel wurden im Budgetantrag für 2017 mit 3,4 Mrd. Dollar gegenüber den Vorjahren massiv aufgestockt (2015: 985 Mio. Dollar; 2016: 789 Mio. Dollar). Doch es ist primär die NATO, unter deren Dach das Gros der Maßnahmen erfolgt.

Trotz der zahlreichen seit 2014 ergriffenen Maßnahmen wurden insbesondere im Vorfeld des Warschauer NATO-Gipfels immer mehr Stimmen laut, die »ambitioniertere« Schritte einforderten. So meldeten sich im März 2016 mehrere prominente NATO-Strategen folgendermaßen zu Wort: »Das Bündnis kann sich nicht allein auf erweiterte Abschreckung und kleine, mobile Einheiten wie die [...] VJTF verlassen [...]. Die Allianz [muss] zu einer Strategie hin zu einer erhöhten Vorwärtspräsenz übergehen, die als stabilisierende und abschreckende Kraft stationiert ist, bevor ein Konflikt beginnt. [...] Solch eine Truppe muss kampfbereit sein [...]. Die Größenordnung von einer Brigade in einem der baltischen Staaten und in Polen wäre ein guter Anfang.«[140] Zwei Brigaden, also etwa 10.000 Soldaten, waren wiederum dem ehemaligen NATO-Oberkommandierenden in Europa nicht genug, der zusammen mit weiteren hochrangigen NATO-Militärs kurz darauf die Verlegung von drei Brigaden forderte. Das wurde wiederum von der der US Air Force nahestehenden »RAND Corporation« getoppt, die in einer viel beachteten Studie zu dem Ergebnis gelangte, sieben Brigaden – 35.000 Soldaten – seien erforderlich, um einen russischen Einmarsch in die baltischen Staaten zumindest vorläufig aufhalten zu können.[141]

Ganz diese Dimension ist es dann doch nicht geworden, dennoch ist es schlimm genug, dass sich die NATO-Verteidigungsminister auf ihrem Treffen im Juni 2016 auf die Verlegung von vier Bataillonen – also etwa 4.000 Soldaten – verständigten. Endgültig beschlossen wurde diese »Verstärkte Vorwärtspräsenz« (»enhanced forward presence«) dann im Juli 2016 auf dem NATO-Gipfel in Warschau. Dabei soll je ein Bataillon in Litauen (unter deutscher Führung), Estland (Großbritannien), Lettland (Kanada) und in Polen (USA) »beheimatet« sein. Je nach Definition des Begriffs »substantiell« handelt es sich hierbei um den endgültigen Bruch der NATO-Russland-Grundakte von 1997, in der sich das westliche Militärbündnis dazu verpflichtete, keine »substantiellen Kampftruppen dauerhaft« in Osteuropa zu stationieren.

Intensive Überlegungen werden darüber hinaus angestellt, wie eine permanente und umfangreiche Militärpräsenz im Schwarzen Meer gewährleistet werden kann, in dem Russland seit der Aufnahme der Krim seine Position erheblich ausgebaut hat. Überdies reorganisierte Russland im Sommer 2016 seinen südlichen Militärdistrikt, der seither auch damit beschäftigt ist, Maßnahmen auszuarbeiten, um der NATO eine Intervention über das Schwarze Meer zu erschweren oder unmöglich zu machen. In der NATO wiederum wird immer lauter die Entsendung einer ständigen maritimen Präsenz im Schwarzen Meer gefordert. Dabei stellt sich das Problem, dass der bis heute gültige Vertrag von Montreux vom Juli 1936 Kriegsschiffen untersagt, die nicht zu den Anrainern des Schwarzen Meeres gehören, sich dort länger als 21 Tage aufzuhalten. Deshalb sollen perspektivisch hierfür die NATO-Anrainer und die prowestlichen Staaten um das Schwarze Meer buchstäblich ins Boot geholt werden. So heißt es in einem Bericht des *Atlantic Council* im Juni 2016, der vom ehemaligen Chef des strategischen NATO-Kommandos Operationen, James Jones, und dem früheren US-Spitzendiplomaten Nicholas Burns verfasst wurde: »Die NATO sollte eine große maritime Mission in der Schwarzmeerregion ins Leben rufen – angeführt von Rumänien, Bulgarien und der Türkei und unter Beteiligung der Partnerländer Ukraine und Georgien – als Antwort auf Russlands illegale Annexion der Krim und die anschließende Militarisierung der Krimhalbinsel.«[142]

5. 360-Grad-NATO: Konfrontation auf allen Ebenen

Mit dem sogenannten »360-Grad-Ansatz« hat sich die NATO mittlerweile ein ebenso ambitioniertes wie aggressives Konzept zu eigen gemacht. Dabei wird argumentiert, dass andere Regionen außerhalb Osteuropas trotz der Auseinandersetzungen mit Russland nicht »vernachlässigt« werden dürften. Dies sei auch deshalb wichtig, weil Moskau auf immer mehr Feldern Positionsgewinne erziele, die zurückgedrängt werden müssten. So hieß es bereits in einer Erklärung der NATO-Verteidigungsminister im Juni 2015: »Russland stellt die euro-atlantische Sicherheit durch militärische Maßnahmen, Zwang und Einschüchterung seiner Nachbarn auf die Probe. Wir sind weiter besorgt über das aggressive Vorgehen Russlands [...]. Darüber hinaus sind wir besorgt über die wachsende regionale Instabilität südlich der NATO [...]. Um all diese Herausforderungen im Osten und Süden anzugehen, verfolgt die NATO weiter einen 360-Grad-Ansatz zur Abwehr von Bedrohungen durch Abschreckung und, erforderlichenfalls, zur Verteidigung der Bündnispartner gegen jeglichen Gegner.«[143]

Die hiermit einhergehende Kraftmeierei wird sehr deutlich, wenn man Aussagen des Bundeswehr-Generalleutnants Richard Roßmanith betrachtet, der als Chef des »Multinationalen Kommando Operative Führung« auch das Manöver »Trident Juncture« leitete. Die im Herbst 2015 abgehaltene Übung, an der 36.000 Soldaten beteiligt waren, hatte Roßmanith zufolge den Zweck, den neuen 360-Grad-Ansatz einzuüben: »Es ist kein Geheimnis, dass Russland schon jetzt die Vorbereitungen auf Trident Juncture intensiv beobachtet und sich damit in seinen Medien befasst – auch unter Aspekten der Propaganda. Aber gewiss auch im Blick auf unsere Fähigkeiten. Doch ich will weiter deutlich sagen: Die NATO blickt mit diesem Manöver natürlich auch nach Süden, aufs Mittelmeer, nach Afrika und in den Nahen Osten. Die Allianz ist nach wie vor auf 360 Grad orientiert. [...] Wir demonstrieren Handlungsfähigkeit und damit Stärke. Wir beherrschen unser militärisches Handwerk. Wir senden auch die Botschaft aus: Die NATO ist das stärkste Militärbündnis der Welt. Von Trident Juncture gehen unmissverständliche Signale der Handlungsfähigkeit, Reaktionsfähigkeit und des Zusammenhalts des Bündnisses aus. Und die wichtigste Botschaft lautet: Jeder sollte sich gut überlegen, wie er mit uns umgeht.«[144]

Auf dieser Grundlage wird aktuell auch außerhalb der NATO-Ostflanke die Konfrontation mit Russland gesucht. Vor allem in den Blick geraten ist dabei die NATO-Südflanke, der Hohe Norden sowie nicht geographische Bereiche wie der Cyberraum und die Strategische Kommunikation.

DIE SÜDFLANKE IM VISIER

Mehrere hochrangige NATO-Strategen, unter ihnen der Leiter der »Bundesakademie für Sicherheitspolitik«, Karl-Heinz Kamp, griffen den »360-Grad-Ansatz« in einem Bericht vom Mai 2016 ebenfalls auf: »Die NATO muss nach Süden schauen, ohne ihr Engagement für Abschreckung und Verteidigung im Osten und Norden zu vernachlässigen, wo russische Risiken im Zentrum der strategischen Überlegungen stehen.«[145] Natürlich auch andere Motive, zum Beispiel Rohstoff- oder Handelsinteressen, die ein Engagement an der Südflanke nahelegen könnten. So kämpfen mit bei der »Operation Ocean Shield« bereits seit 2008 NATO-Kriegsschiffe im Verbund mit dem EU-Einsatz ATALANTA am Horn von Afrika dafür, eine zentrale Tankerschifffahrtsroute von Piraten freizuhalten, die nicht zuletzt als ein Produkt westlicher Politik erst entstanden sind.[146] Aber im zunehmend ambitionierteren Auftreten Russlands wird nun eine zusätzliche Motivation erblickt, seinerseits noch stärker aktiv zu werden. So wird derzeit nahezu jeder Konflikt mehr und mehr auch unter dem Brennglas der sich verschärfenden westlich-russischen Konflikte betrachtet. Auch dies wird in dem Bericht deutlich: »Russland wird seine Rückkehr als Sicherheitsakteur am Mittelmeer konsolidieren, in Syrien und, weniger sichtbar, aber dennoch in wichtiger Form in Ägypten und Algerien. Ein Resultat dessen wird das Ausgreifen von militärischen Risiken zwischen der NATO und Russland nach Süden sein, zum Schwarzen Meer und dem östlichen Mittelmeer.«[147] Deshalb, aber auch generell wegen den wachsenden Konflikten in der Region, müsse die NATO eine »robustere Rolle im Süden entwickeln«[148].

Gesagt, getan, nur wenige Monate später wurden

im Abschlussbericht des Warschauer NATO-Gipfels im Juli 2016 diesbezüglich Nägel mit Köpfen gemacht, indem der libyschen Einheitsregierung eine NATO-Ausbildungsmission angeboten wurde (Absatz 93). Gleichzeitig wurde beschlossen, »ein NATO-Training der irakischen Sicherheits- und Militärkräfte im Land durchzuführen« (Absatz 95). Besonders gefährlich sind die Auseinandersetzungen in Syrien, wo der Westen parallel, und teils mit dem Krieg gegen den »Islamischen Staat« verwoben, seit Jahren auf den Sturz von Machthaber Baschar al-Assad abzielt. Inzwischen hat sich in Syrien ein blutiger Stellvertreterkrieg entwickelt, nachdem Russland spätestens mit Beginn seiner Luftangriffe ab September 2015 beschloss, offen für Assad militärisch Partei zu ergreifen. Lange agierte die NATO als Organisation in dieser Auseinandersetzung eher im Hintergrund, trug aber sämtliche eskalierenden Maßnahmen vieler ihrer Mitgliedsländer – von der Aufrüstung und Ausbildung »befreundeter« Aufständischer bis zu den Bombardierungen der »Operation Inherent Resolve« – in vollem Umfang mit. Auf dem Warschauer Gipfel wurde dann beschlossen, dass sich die mit moderner Radar- und Kommunikationstechnik ausgestatteten AWACS-Flugzeuge der NATO an der Bekämpfung des IS im Irak und Syrien beteiligen sollen. Damit tritt das Bündnis nun auch offiziell in die dortigen Kriege ein, wodurch die ohnehin schon toxische Situation sicher nicht deeskaliert wird.

Zu leiden haben unter diesen Konflikten zuallererst die Menschen in den jeweiligen Kriegsgebieten. Sie werden nicht zuletzt durch die NATO-Interventionspolitik dazu gezwungen, ihre Heimatländer unter großen Risiken zu verlassen. Und weil der Westen nicht gewillt ist, an den militärischen und wirtschaftlichen Fluchtursachen anzusetzen, rückt die Migrationsbekämpfung immer weiter in den Vordergrund. So forderte ein Sammelband des »Institute for Security Studies«, der wichtigsten EU-eigenen Denkfabrik: »Abschottungseinsätze – Schutz der Reichen dieser Welt vor den Spannungen und Problemen der Armen. Da der Anteil der armen, frustrierten Weltbevölkerung weiterhin sehr hoch sein wird, werden sich die Spannungen zwischen dieser Welt und der Welt der Reichen weiter verschärfen – mit entsprechenden Konsequenzen. Da es uns kaum gelingen wird, die Ursachen dieses Problems, d. h. die Funktionsstörungen der Gesellschaften, bis 2020 zu beseitigen, werden wir uns stärker abschotten müssen.«[149] Um dem nachzukommen, arbeiten EU und NATO seit 2016 bei der Flüchtlingsbekämpfung immer intensiver zusammen: »Um die EU-Operation ›Sophia‹ vor der libyschen Küste unterstützen zu können, wurde der mögliche Aufgabenbereich für den aktuellen Einsatz im Mittelmeer deutlich erweitert. Die Nato-Schiffe sollen künftig auch am Kampf gegen illegale Migration beteiligt werden können. Die Operation im Mittelmeer heißt dann ›Sea Guardian‹ (Meereswächter). Sie geht aus dem Einsatz ›Active Endeavour‹ hervor, der nach den Terroranschlägen vom 11. September 2001 gestartet worden war. Das Mandat für ›Active Endeavour‹ erlaubte bislang nur die Überwachung des zivilen Seeverkehrs im Mittelmeer.«[150]

GIUK-Lücke, Arktis und der Hohe Norden

Generell wird davon ausgegangen, dass die zunehmenden Großmachtkonflikte auch vor den Weltmeeren nicht haltmachen werden. So veröffentlichte etwa die US Navy im Januar 2016 ein Dokument mit dem vielsagenden Titel »A Design for Maintaining Maritime Superiority«, in dem es heißt: »Erstmals seit 25 Jahren sehen sich die Vereinigten Staaten mit einer Rückkehr von Konkurrenzkämpfen unter den Großmächten konfrontiert. Russland und China haben beide ihre militärischen Fähigkeiten verbessert, um als globale Mächte agieren zu können. [...] Die russische Marine operiert in Regionen mit einer Häufigkeit, die wir seit fast zwei Jahrzehnten nicht mehr gesehen haben. [...] Dieser Entwurf für die Aufrechterhaltung der maritimen Überlegenheit wird unser Verhalten und unsere Investitionen in diesem und den kommenden Jahren anleiten.«[151]

Auch die NATO betonte in der Warschauer Gipfelerklärung vom Juli 2016 die Bedeutung von Schifffahrtswegen: »Im Nordatlantik wie auch anderswo wird die Allianz darauf vorbereitet sein, potentielle Gefahren abzuschrecken und abzuwehren, einschließlich gegen Schifffahrtswege und Küstengewässer des NATO-Territoriums. In diesem Zusammenhang werden wir unsere maritime Präsenz und unsere Aufklärung weiter stärken.« (Absatz 23) Der »Hohe Norden« spielt in den Überlegungen der NATO-Strategen in diesem Zusammenhang eine besonders wichtige Rolle. Dabei wird inzwischen wieder verstärkt die Bedeutung der »GIUK-Lücke« zwischen Grönland, Island und Großbritannien betont: »Dies könnte eine neue umkämpfte Region zwischen Russland und der NATO werden, nachdem Russland seine Militärpräsenz in der Arktis aufstockt.«[152] In der Tat weckt allein schon die Tatsache, dass durch das klimawandelbedingte Abschmelzen der Polkappen potentiell riesige Ölvorkommen in der Arktis erschließbar werden, Begehrlichkeiten auf allen Seiten – Schätzungen belaufen sich auf bis zu 30 Prozent der weltweit unentdeckten Vorkommen. Auch werden dadurch Schifffahrtspassagen bald durchgehend eisfrei und ermöglichen viel kürzere und damit kommerziell deutlich attraktivere Routen. Allerdings sind die Gebietszugehörigkeiten unter den Anrainern (Russland, Norwegen, Dänemark, Kanada, USA) heftig umstritten. Seit Jahren findet vor diesem Hintergrund eine Militarisierung der Region statt: Russland stellte unter anderem ein eigenes Arktis-Kommando und eine Arktisbrigade auf und erklärte den militärischen Schutz seiner Interessen in der Arktis zu einer hohen Priorität.[153]

Auch in den USA ist es spätestens seit der »National Security Presidential Directive 66« vom Januar 2009 erklärtes Ziel, Präsenz und Einfluss in der Arktis deutlich auszubauen. Wie zudem eine Wikileaks-Depesche enthüllte, denkt Washington über eine permanente Militärpräsenz in Grönland nach[154], und auch die seit 2016 debattierte Reaktivierung des isländischen Flughafens Keflavik ist in diesem Zusammenhang zu sehen[155]. Laut CNN planen die USA zudem eine Vorwärtsstationierung von Panzern und anderem Equipment für 15.000 Marinesoldaten in einem geheim gehaltenen norwegischen Höhlenkomplex.[156] Norwegen selbst forderte von der NATO bereits vor einigen Jahren eine permanente Militärpräsenz in der Arktisregion, erhielt diesbezüglich aber 2013 noch eine Absage.[157] Seit der nochmaligen Verschlechterung des Verhältnisses mit Russland reißen die Forderungen in diese Richtung aber nicht mehr ab. Eine wichtige Rolle spielen in diesem Zusammenhang die bislang – zumindest formal – noch neutralen Länder Finnland und Schweden, die sich seit der Eskalation der Ukraine-Krise so rapide der NATO annähern, dass ein mittelfristiger Beitritt nicht mehr ausgeschlossen erscheint. Schon jetzt finden gemeinsame Übungen wie die seit 2013 alle zwei Jahre stattfindende »Arctic Challenge« statt. Bei der letzten Auflage im Mai 2015 mit 4.000 Soldaten sollte nicht zuletzt die »Interoperabilität« zwischen der NATO und den »neutralen« Ländern gefördert werden, wie der norwegische Manöverleiter Jan Ove Rygg bestätigt: »Das Ziel ist es, Einheiten in der Orchestrierung und Durchführung komplexer Operationen in enger Anlehnung an die NATO-Partner zu trainieren.«[158]

HYBRIDE KRIEGSFÜHRUNG: KAMPF UM DEN CYBER- UND INFORMATIONSRAUM

Besonders en vogue ist es aktuell, Russland vorzuwerfen, es würde sich einer – mutmaßlich völlig neuen – Form der »Hybriden Kriegsführung« bedienen. Gemeinhin wird dabei die, teils parallele, Anwendung verschiedener Interventionstechniken verstanden, zuvorderst der Einsatz verdeckt kämpfender Spezialeinheiten sowie die Durchführung von Cyberangriffen und von Desinformationskampagnen.

Nun sind dies alles aber keineswegs wirklich komplett neue Aspekte – und erfunden hat sie Russland ebenfalls nicht. So greifen etwa die USA vor allem in Afrika massiv auf den Einsatz von Spezialeinheiten zurück – im Juli 2016 sollen auf dem Kontinent 1.700 US-Spezialeinheiten in über 20 Ländern agiert haben.[159] Westliche Spezialeinheiten spielten ebenfalls eine wesentliche Rolle bei der Destabilisierung Syriens und im Zusammenhang mit dem NATO-Krieg gegen Libyen, so dass hier tatsächlich schwerlich von einem neuen Phänomen die Rede sein kann. Ähnlich verhält es sich mit dem Cyberraum, dessen wachsende Bedeutung die NATO erstmals bereits im Strategischen Konzept des Jahres 2010 betonte. Offiziell geht es dabei stets »nur« um die Verteidigung gegen Cyberangriffe, was allerdings mehr als unglaubwürdig ist. So heißt es in dem Papier »The Role of Offensive Cyber Operations in NATO's Collective Defence« des bereits 2008 gegründeten NATO-Kompetenzzentrums Cyberverteidigung: »Kann irgendeine militärische Macht glaubwürdig versichern, dass sie zukunftsweisende Fähigkeiten besitzt, wenn sich in ihrem Arsenal nicht auch offensive Cyberoperationen befinden?«[160]

Der letzte Aspekt in diesem Zusammenhang bezieht sich auf die sogenannte »Strategische Kommunikation«, die aus Sicht der NATO ebenfalls an Bedeutung gewinnt: »In der heutigen Informationsumwelt sollte Informieren, Beeinflussen und Überzeugen ebenso entscheidend zum Machtpaket gehören wie Aufmarsch, Kampf und Unterstützungselemente.«[161] Diese Aussage stammt aus einem Papier des im Januar 2014 eingerichteten Kompetenzzentrums für Strategische Kommunikation in Riga, das die Aufgabe hat, die NATO-Fähigkeiten in diesem Bereich auszubauen. Dabei geht es einmal darum, in den NATO-Einsatzländern ein positives Bild zu erzeugen. Vor allem aber soll in den NATO-Ländern selbst, der russischen »Propaganda« eigene »Fakten« – also Propaganda – entgegengestellt werden, um die Unterstützung für das eigene Handeln zu »verbessern«. In einer seiner Publikationen zeigte sich das Kompetenzzentrum in Riga überaus zufrieden mit dem Erfolg der diesbezüglichen Bemühungen, Russland in Misskredit zu bringen: »Die intensive Stratkom-Kampagne der NATO […] scheint Wirkung zu zeigen. Laut dem Pew Research Center hinkt eine ›wohlwollende Sichtweise auf Russland der auf die USA in den meisten Weltregionen beträchtlich hinterher‹ und sank erheblich in Ländern wie Deutschland, wo die Hälfte der Befragten 2010 ein positives Bild von Russland hatten, während es 2015 nur noch 27 Prozent waren.«[162]

WIRTSCHAFTSKRIEG: DER WESTEN MUSS BIS RUSSLAND REICHEN?

Angesichts der ohnehin angespannten Situation ist es geradezu halsbrecherisch, wenn westliche Strategen teils ganz offen fordern, der Westen solle sich den gesamten postsowjetischen Raum einverleiben oder teils gleich direkt zum Sturz des russischen Präsidenten Wladimir Putin aufrufen. So plädiert etwa Lilia Shevtsova vom »Carnegie Endowment for International Peace«, die »günstige« Situation zu nutzen, um einen Regimewechsel in anderen postsowjetischen Ländern auf den Weg zu bringen: »In der Ukraine ist das postsowjetische Entwicklungsmodell zusammengekracht, das alle neue unabhängige Staaten (bis auf das Baltikum) prägt. Die Ukraine ist zu dem schwächsten Glied in der postsowjetischen Kette geworden. Man müsste im Auge behalten, dass ähnliche Umwälzungen auch in anderen Ländern möglich sind.«[163]

Auch in Deutschland existieren derartige Stimmen, so etwa die von Andreas Umland, aktuell einer der in Deutschland gefragtesten »Experten« zum Ukraine-Konflikt. In der *Internationalen Politik*, dem nach Eigenangaben wichtigsten außen- und sicherheitspolitischen Elitenorgan Deutschlands, schreibt er: »Bis vor kurzem schien die EU ignoriert zu haben, dass sich Moskau gegen eine Integration der Ukraine wehren könnte. Eine solche Blauäugigkeit gegenüber den außenpolitischen Interessen des Kremls hat Tradition. […] Nun stehen sie vor der Entscheidung: Gehört ihr Land zum westlich geprägten Europa oder ist es Teil einer russisch geprägten ›eurasischen‹ Zivilisation? […] Mit der Annäherung der Ukraine an die EU würde sich nicht nur die Reichweite europäischer Werte und Institutionen um hunderte Kilometer gen Osten ausdehnen. Russland müsste sich mit der Heranführung der Ukraine an die EU endgültig von seinen neoimperialen Träumen verabschieden. […] Die Ukraine hat deshalb nicht nur als solche für die EU eine große Bedeutung. Sie könnte für den Westen insgesamt zum Tor für eine schrittweise Demokratisierung des riesigen, vormals sowjetischen Territoriums im nördlichen Eurasien werden. […] Deutschland sollte es – schon aus historischen Gründen – nicht an Beherztheit, Prinzipienfestigkeit und Weitsicht in seiner künftigen Ukraine-Politik fehlen lassen.«[164]

Es wird sich teils nicht einmal mehr die Mühe gemacht, zu verhehlen, dass es dem Westen um die maximale Schwächung Russlands geht. Dies räumte etwa George Friedman, der Chef des bereits erwähnten CIA-nahen privaten Nachrichtendienstes »Strategic Forecasting«, auf einer Konferenz im Februar 2015 unumwunden ein: »Der Punkt bei der ganzen Sache ist, dass die USA einen ›Cordon Sanitaire‹, einen Sicherheitsgürtel, um Russland herum aufbauen. Und Russland weiß es. Russland glaubt, dass die USA beabsichtigen, die Russische Föderation zu zerschlagen. Ich denke, wir wollen sie nicht töten, sondern nur etwas verletzen, Schaden zufügen. Jedenfalls sind wir jetzt wieder beim alten Spiel.«[165]

Ein »wenig Schaden« soll vor allem auch im wirtschaftlichen Bereich zugefügt werden, so jedenfalls auch der keineswegs sonderlich friedensbewegte Politikprofessor Thomas Jäger über das Ziel der westlichen Sanktionen: »Weder die Krim- noch die Ukraine-Krise werden dadurch zu lösen sein. Daran denkt die amerikanische Regierung aber auch erst in zweiter Linie. Während die militärischen Maßnahmen die Allianzpartner beruhigen und die russische Führung warnen sollen, sind sie gar nicht darauf angelegt, die russische Position in den internationalen Beziehungen strategisch zu ändern. Die amerikanische Russlandpolitik ist inzwischen auf finanzielle Eindämmung und Isolierung gerichtet. Der Finanzkrieg hat begonnen – und der ist nicht kalt. (Weshalb die Gleichsetzung mit dem Kalten Krieg schlicht falsch ist.)«[166] Auch der Osteuropa-Experte Reinhard Lauterbach kommt zu dieser Einschätzung: »Die Strategie der USA ist ohnehin, wie es scheint, unbescheidener: Es geht darum, durch Wirtschaftssanktionen Unzufriedenheit in der russländischen Gesellschaft zu schüren und so Voraussetzungen für einen ›Regime Change‹ auch in Moskau zu schaffen.«[167]

Diejenigen, die für eine aktive Destabilisierung und einen Sturz Wladimir Putins plädieren, sehen hierfür in der »Zivilgesellschaft« das geeignete Mittel. So beklagt Stefan Meister, Leiter der Bereiche Osteuropa, Russland und Zentralasien des »Robert Bosch-Zentrums« der »Deutschen Gesellschaft für Auswärtige Politik« (DGAP), wieder in der *Internationalen Politik*, der »›wirtschaftsliberale Flügel‹ in der russischen Elite [hat] keinen Einfluss mehr auf die aktuelle russische Führung«[168]. Das »System Putin steckt in der Krise«, konstatiert Meister und schlägt dann, in atemberaubender Direktheit, faktisch vor, das in der Ukraine abgedrehte Skript auch in Russland anzuwenden: »Anstatt das System Putin durch an Selbstaufgabe grenzende Kooperations- und Gesprächsangebote weiter zu legitimieren und das eigene Wertesystem zu untergraben, sollte die deutsche Politik lernen, dass nicht die russischen Eliten den

Wandel bringen, sondern die russische Gesellschaft. Die Ukraine hat es gerade vorgemacht; jedoch brauchen sie und andere Staaten der östlichen Nachbarschaft mehr finanzielle und politische Unterstützung. Die Intensivierung des Austauschs mit der Zivilgesellschaft sowie alternativen Eliten aus Wirtschaft und Gesellschaft ist eine zentrale Aufgabe europäischer Politik. [...] Hierfür sollten bestehende Netzwerkplattformen wie der Petersburger Dialog durch eine Neuausrichtung und Beteiligung echter Zivilgesellschaft, kleiner und mittlerer Unternehmen sowie alternativer Eliten grundlegend reformiert werden und neue Foren für den Austausch in und mit Russland zum Beispiel durch die deutschen politischen Stiftungen entwickelt werden.«[169]

Augenscheinlich wird aktuell auf einer Vielzahl an Feldern auf Konfrontationskurs mit Russland gegangen. Dadurch erhöht sich die Gefahr einer russisch-westlichen Eskalation, was insbesondere auch im Zusammenhang mit den aktuellen Debatten um eine Aufwertung der Rolle von Atomwaffen überaus besorgniserregend ist.

6. Atomare Muskelspiele

Es ist schon ziemlich kaltschnäuzig, dass mittlerweile mit dem – zumindest fraglichen – Vorwurf, Russland erwäge den frühzeitigen Einsatz taktischer Atomwaffen auf einem begrenzten Gefechtsfeld, eine neue Runde des atomaren Wettrüstens gerechtfertigt wird. Schließlich zielt die US-Nuklearstrategie, an die sich die der NATO stets eng anlehnt, seit eh und je darauf ab, auf allen erdenklichen Ebenen einen Atomkrieg »erfolgreich« führen zu können. In jüngster Zeit ist man aber, besonders was Aggressivität und Offenheit anbelangt, noch einmal in andere Dimensionen vorgedrungen. Besonders heikel ist einmal der generell scharfe Ton, den die NATO ausgerechnet in diesem Bereich anschlägt. Ferner gibt die »Modernisierung« der US-Atomwaffen Anlass zur Sorge – gerade auch derjenigen, die in Europa stationiert sind. Teils wird sogar offen eine neue Nachrüstungsrunde in Europa gefordert. Hinzu kommt die Forcierung der Pläne für den Aufbau eines Raketenschildes, mit denen die russische Zweitschlagfähigkeit endgültig in Frage gestellt wird. Hierdurch wird ein Wettrüsten 2.0 verursacht und alle Rüstungskontrollbemühungen mit dem Ergebnis zu Grabe getragen, dass das Eskalationsrisiko im westlich-russischen Verhältnis immer beunruhigendere Ausmaße annimmt.

Die Aufwertung von Atomwaffen

Wie bereits angedeutet, wird die Nuklearpolitik der NATO maßgeblich von den diesbezüglichen Überlegungen in den USA bestimmt. Denn obwohl auch Frankreich und Großbritannien über Atomwaffen verfügen, sind es die Vereinigten Staaten, die der Nuklearpolitik des Bündnisses von ihren Anfängen bis heute ihren Stempel aufgedrückt haben. Gleichzeitig verfügen weder die NATO noch ihre Nicht-Atomwaffenstaaten über irgendwelche Kompetenzen in diesem Bereich – nicht einmal über die US-Atomwaffen, die im Rahmen der Nuklearen Teilhabe in Europa lagern: »Die NATO selbst hat keine Entscheidungsbefugnisse über den Einsatz von Atomwaffen. [...] Die Entscheidung zum Einsatz kann nur in Washington, London und Paris durch die Anführer dieser Nuklearwaffenstaaten getroffen werden. Die NATO würde konsultiert und würde dem Einsatz möglicherweise zustimmen (im Konsens), aber sie kann einen Einsatz nicht blockieren. [...] Der Konsultationsprozess bezieht sich formal lediglich auf Waffen der NATO im Rahmen der Nuklearen Teilhabe.«[170]

Sowohl die Nuklearpolitik unter US-Präsident Bill Clinton als auch die seiner Nachfolger, George W. Bush und Barack Obama, basierte darauf, im Extremfall einen Atomkrieg führen und »gewinnen« zu können. Mit Blick auf die Hauptgegner Russland und China wurden zu diesem Zweck unter allen drei Präsidenten die Nuklearkapazitäten der USA kontinuierlich »verbessert«. Auch wenn die Obama-Regierung auf den ersten Blick im Ton zunächst spürbar vorsichtigere Formulierungen wählte als ihre Vorgängerin[171], wurde auch in der Neufassung der US-Nuklearstrategie im Jahr 2010 das Ziel beibehalten, das »Abschreckungspotential gegenüber potentiellen Gegnern zu stärken« und den »Einsatz von Atomwaffen unter extremen Umständen, wie die vitalen Interessen der USA und ihrer Verbündeten und Partner zu verteidigen, in Betracht zu ziehen«.[172]

Dementsprechend orientierte sich auch die NATO-Politik an diesem Ziel: »Im Strategischen Konzept 1999 und dem zugehörigen Militärausschuss-Dokument MC 400/2 verzichtete die NATO darauf, die Rolle nuklearer Waffen als ›letztes Mittel‹ zu beschreiben, wie sie es 1990 in der Londoner Erklärung noch getan hatte. Ein Verzicht auf den Ersteinsatz dieser Waffen wurde ebenfalls nicht ausgesprochen, unter anderem, weil die USA sich einen nuklearen Ersteinsatz in ihrer nationalen Nuklearstrategie vorbehalten und so ein eklatanter Gegensatz zwischen U.S.- und NATO-Strategie vermieden werden konnte.«[173]

Das nächste Strategische Konzept wurde dann 2010 auf dem NATO-Gipfel in Lissabon verabschiedet. Darin wurden zwar vergleichsweise moderate Formulierungen gewählt und die Entschlossenheit betont, »eine Welt ohne Kernwaffen zu schaffen«, andererseits aber unverbrüchlich an der fortgesetzten Bedeutung von Atomwaffen festgehalten: »Die Abschreckung auf der Grundlage einer geeigneten Mischung aus nuklearen und konventionellen Fähigkeiten bleibt ein Kernelement unserer Gesamtstrategie. Umstände, unter denen der Einsatz von Kernwaffen in Betracht gezogen werden müsste, sind höchst unwahrscheinlich. Solange es Kernwaffen gibt, wird die NATO ein nukleares Bündnis bleiben.« (Absatz 26 und 17) Auf demselben NATO-Gipfel wurden auch der Aufbau eines NATO-Raketenabwehrschildes und die Überprüfung der NATO-Nuklearstrategie in Auftrag gegeben. Sie erschien in Form der »Deterrence and Defence Posture Review« vom Mai 2012, die aber im Wesentlichen zu dem Ergebnis gelangte, es gebe keinen akuten Handlungsbedarf: »Die Überprüfung ergab, dass die nukleare Streitkräftezusammensetzung der Allianz die Kriterien für effektive Abschreckung und Verteidigung erfüllt.«[174]

Dies war der Stand, bevor die angespannten westlich-russischen Beziehungen infolge der Ukraine-Krise ab November 2013 in offene Feindschaft umschlugen. So forderten verschiedene hochrangige NATO-Strategen kurz vor Beginn des Warschauer NATO-Gipfels im Juli 2016, die Rolle der Atomwaffen müsste im Bündnis wieder »höher auf die Agenda«[175]. Auf den ersten Blick ähnelten dann zwar viele diesbezügliche Passagen der Warschauer Gipfelerklärung früheren Abschlussdokumenten, allerdings wurde verbal – im Fachjargon: deklaratorisch – der Ton etwas angezogen: »Jeder Einsatz von Atomwaffen gegen die NATO würde den Charakter eines Konfliktes fundamental verändern. Niemand sollte an der Entschlossenheit der NATO zweifeln, wenn die Sicherheit eines ihrer Mitglieder bedroht sein sollte. Die NATO hat die Kapazitäten und die Entschlossenheit, einem Gegner Kosten zuzufügen, die inakzeptabel wären und die Vorteile, die sich ein Gegner erhoffen könnte, weit überwiegen.« (Absatz 54)

Das Bindeglied zwischen der US-Nuklearstrategie und derjenigen der NATO ist die Nukleare Teilhabe. Mit ihr werden Nicht-Atomwaffenstaaten in die atomare Einsatzplanung einbezogen, wobei die Teilnahmebedingungen die Lagerung von US-Atomwaffen auf eigenem Territorium sowie das Vorhandensein der technischen Voraussetzungen zum Einsatz von Nuklearwaffen sind – zum Beispiel über geeignete Flugzeuge zu verfügen. Dennoch verbleiben faktisch, wie bereits angedeutet, sämtliche realen Entscheidungsbefugnisse in den Händen der USA: »Die im Rahmen der nuklearen Teilhabe in den nichtnuklearen Staaten gelagerten Waffen bleiben im Frieden stets unter amerikanischer Hoheit. Auch im Kriegsfall bleiben sie dies bis zu ihrer Zündung. Über die nötigen Codes verfügt nur die US-amerikanische Führung; sie unterliegen strengster Geheimhaltung.«[176] Aktuell sind fünf NATO-Staaten – Deutschland, Italien, Belgien, die Niederlande und die Türkei – in die Nukleare Teilhabe eingebunden (in Polen wird dies gegenwärtig diskutiert[177]), wobei Schätzungen zufolge insgesamt zwischen 150 und 200 taktische US-Atomwaffen in diesen Ländern lagern[178].

Auch die Nukleare Teilhabe erfreut sich in jüngster Zeit wieder wachsender Beliebtheit. So war sie in der Abschlusserklärung des NATO-Gipfels 2014 noch mit keiner Silbe erwähnt worden, während es dann 2016 hieß: »Die nukleare Abschreckungskomponente der NATO basiert außerdem zum Teil auf den vorwärtsstationierten US-Atomwaffen in Europa und der diesbezüglichen Infrastruktur der Alliierten.« (Absatz 53) Dies hat vor allem damit zu tun, dass sich in der Zwischenzeit in der NATO zwei Sichtweisen durchgesetzt haben: Erstens wird die Wahrscheinlichkeit als hoch eingeschätzt, dass es in Osteuropa zu bewaffneten Auseinandersetzungen mit Russland kommen könnte. Und zweitens ist man der Überzeugung, dass Moskau in diesem Zusammenhang dann eine hohe Bereitschaft an den Tag legen würde, frühzeitig taktische Atomwaffen einzusetzen. Der Grund liege in der konventionellen Überlegenheit des Westens, die Russland durch sein größeres taktisches Atomwaffenarsenal konterkarieren wolle. Tatsächlich verfügen die USA lediglich über 760 nicht-strategische Atomwaffen, von denen, wie beschrieben, nur 150 bis 200 im Rahmen der Nuklearen Teilhabe in Europa lagern. Demgegenüber wird bei Russland von – je nach Schätzung 1.000 bis 6.000 – taktischen Atomwaffen ausgegangen.[179]

Ob allerdings der Einsatz taktischer Atomwaffen von Moskau im Zusammenhang mit diesen Konflikten ernsthaft in Erwägung gezogen wird, ist zumindest fragwürdig, auch wenn dies aktuell stets unterstellt wird. Dagegen spricht vor allem, dass Russland die Schwelle für den Einsatz von Atomwaffen in den beiden jüngsten Versionen seiner in diesem Zusammenhang entscheidenden Militärstrategien (2010 und 2014) deutlich angehoben und nicht etwa gesenkt hat. Doch dies beeindruckt viele Russland-Hardliner wenig, sie argumentieren folgendermaßen: »Russlands intensive Manöver mit Atomwaffen, die sich auf den Übergang von konventionellen zu atomaren Einsatzszenarien konzentrieren und seine Nukleardoktrin in Kombination mit der zunehmend drohenden Rhetorik. All das zusammengenommen gibt Anlass zur Sorge, dass Russland bereit sein könnte, die Schwelle zum Einsatz von Atomwaffen zu senken oder ihn androhen könnte, um seine aggressiven Ziele zu unterstützen, und zwar ungeachtet der in der russischen Militärstrategie des Jahres 2014 zum Ausdruck gebrachten Position, dass Atomwaffen nur als Reaktion auf einen atomaren Angriff oder gegen eine konventionelle Attacke eingesetzt werden, die das Überleben des russischen Staates gefährdet.«[180]

Letztlich klären lässt sich die tatsächliche Haltung Russlands selbstverständlich nicht – die Aussagen in den Militärstrategien sind ebenso wenig ein glasklarer Beweis für eine hohe atomare Einsatzschwelle, wie Verweise auf Modernisierungen des Arsenals und diverse Übungen das Gegenteil schlüssig nahelegen. Für weitreichende Anpassungen der NATO-Nuklearpolitik sollten aber genau solche klaren Beweise auf dem Tisch liegen. Dennoch wurde die Sichtweise von einem zum Atomkrieg bereiten Russland mittlerweile bis in höchste Stellen übernommen. So warnte NATO-Generalsekretär Stoltenberg in seiner Rede bei der Münchner Sicherheitskonferenz Anfang 2016 Russland nur wenig verklausuliert: »Niemand sollte sich einbilden, Atomwaffen könnten Teil eines konventionellen Konfliktes sein. Dies würde den Charakter eines jeden Konfliktes grundlegend verändern.«[181] Im Mai 2016 zog dann auch ein weiteres Papier mehrerer hochrangiger NATO-Strategen, darunter der ehemalige Oberkommandierende in Europa, Wesley Clark, nach: »Die nukleare Abschreckung der NATO sollte dadurch verstärkt werden, dass Russland signalisiert wird, dass ein Einsatz sub-strategischer Atomwaffen zur Deeskalation eines Konfliktes eine großangelegte Eskalation zur Folge haben und eine nukleare Reaktion der Allianz rechtfertigen würde.«[182]

Für eine solche »nukleare Reaktion« auf einen hypothetischen taktischen Atomwaffeneinsatz Russlands würden den USA beziehungsweise der NATO aber die »adäquaten« Mittel fehlen, so wird derzeit weiter argumentiert. Eine Eskalation auf strategischer Ebene würde die hohe Gefahr eines umfassenden Atomkriegs in sich bergen, an dem niemand gelegen sein könne. Aus diesem Grund würden wieder mehr taktische Atomwaffen benötigt, um Moskau etwas entgegensetzen zu können. Eine solche »zweite Nachrüstung« fordert etwa Matthew Kroenig, Politikprofessor an der Georgetown University und zwischenzeitlich auch im US-Verteidigungsministerium tätig: »Die Entscheidung der NATO, nahezu alle in Europa stationierten taktischen Atomwaffen zu eliminieren, hat Russland zu einer breiten Palette an Optionen auf der nuklearen Eskalationsleiter verholfen. […] Die NATO muss die Entwicklung und Stationierung einer neuen Generation sub-strategischer Nuklearwaffen in Europa planen. Schließlich war es die Stationierung der Pershing-II-Raketen in den 1980ern, die Moskau davon überzeugte, den INF-Vertrag [über Mittelstreckenraketen] zu unterzeichnen.«[183]

Ganz ähnlich äußerte sich etwa auch Elbridge Colby vom den US-Demokraten nahestehenden »Center for a New American Security«[184] oder auch Stanisław Marian Koziej, zwischen 2010 und 2015 Leiter des polnischen »National Security Bureau«: »Eskalation [...] scheint gegenwärtig leider der wahrscheinlichste Verlauf in diesem Umfeld eines neuen Kalten Krieges zu sein. Die NATO könnte keine andere praktische Alternative haben, als ihr eigenes taktisches Nuklearpotenzial aufzustocken und ihre Einsatzregeln aufgrund der aggressiven Haltung Russlands zu ändern. [...] Ein breites Modernisierungsprogramm für diese Waffenklasse könnte ein logischer nächster Schritt sein; die Verbesserung ihrer Sicherheit, Überlebensfähigkeit, Reichweite und Genauigkeit wären die primären Ziele. Eine Überprüfung und Aktualisierung der Regeln, die die Beteiligung von nicht-nuklearen NATO-Staaten an der Atompolitik der Allianz definieren, könnte ebenfalls folgen.«[185] Faktisch ist eine solche Aufrüstung des taktischen Atomwaffenarsenals allerdings bereits in vollem Gange. Bereits 2010 entschied sich die Obama-Regierung, ein Modernisierungsprogramm aufzulegen, das auch die in Europa stationierten Waffen mit einschließt – bis 2020 sollen die bisherigen Waffen durch zielgenauere und damit »besser« einsetzbare B61-12 ersetzt werden, die Kosten schätzen Experten auf 6 Mrd. Dollar.[186]

ERSTSCHLAGFÄHIGKEIT: NUKLEARSCHWERT ...

Schon 2001 kam eine umfangreiche Studie zu dem Ergebnis, die USA stünden kurz vor der Erlangung einer Erstschlagfähigkeit gegenüber Russland, wo-

durch sie im Falle schwerer Konflikte über ein un-
geheures Drohpotential verfügen würden.[187] Hier
dürfte auch der Grund liegen, weshalb Russland sein
Arsenal in den Folgejahren modernisierte. Allerdings
rüsteten die USA parallel dazu ebenfalls weiter auf,
und zwar vor allem auch in Bereichen wie Zielgenauigkeit und Durchschlagskraft, was den Schluss nahe-
legt, dass eine solche Erstschlagfähigkeit tatsächlich
angestrebt wurde. Im Jahr 2006 kam dann auch ein
viel diskutierter Aufsatz in der *Foreign Affairs* mit
dem bezeichnenden Titel »Der Aufstieg der USA zur
nuklearen Vorherrschaft« zu genau diesem Ergebnis: »Streben die Vereinigten Staaten mit Absicht die
nukleare Dominanz an? [...] Die Natur der vorge-
nommenen Veränderungen bezüglich des Arsenals
und der offiziellen Politik und Rhetorik stützen diese
Schlussfolgerung. [...] Mit anderen Worten, die gegenwärtigen und künftigen Nuklearstreitkräfte der
USA scheinen dafür konzipiert zu sein, einen prä-
emptiven Entwaffnungsschlag gegen Russland oder
China zu führen.«[188] Im Jahr 2013 argumentierten
dann dieselben beiden Autoren, aufgrund massiver
»Verbesserungen« bei der Durchschlagfähigkeit, der
Zielgenauigkeit und der Aufklärung mobiler Ziele seien die USA näher an einer Erstschlagfähigkeit
denn je zuvor, ein Befund, den auch andere Experten
bestätigen.[189]

Obwohl die Überprüfung der Nuklearpolitik unter Barack Obama ankündigte, keine neuen Atomwaffen entwickeln zu wollen, wurde unter seiner Ägide
eine Generalmodernisierung des US-Arsenals beschlossen, die seinesgleichen sucht – nach gegenwär-

tigen Plänen sollen innerhalb der nächsten 30 Jahre, je nach Schätzung, zwischen 355 Mrd. und 1.000 Mrd. Dollar in die »Verbesserung« des Arsenals gesteckt werden.[190] Hans Kristensen, einer der führenden Experten für die US-Nuklearpolitik, lässt keine Zweifel daran, gegen wen diese Anstrengungen vorrangig gerichtet sind: »Das finale Verteidigungsbudget [für das Haushaltsjahr 2017] der Obama-Regierung krönt diese Administration endgültig als Modernisierungsführer unter den Präsidentschaften nach dem Kalten Krieg. Während offizielle Stellungnahmen diese massive nukleare Modernisierung bislang lediglich als die Verlängerung der Lebensdauer vorhandener Kapazitäten rechtfertigten, beschreibt das Pentagon sie nun explizit als eine gegen Russland gerichtete nukleare Modernisierung.«[191]

In diesem Zusammenhang erachtet Russland es für besonders problematisch, dass die Beschränkungen strategischer Atomwaffen zeitlich befristet sind. Denn der am 8. April 2010 von Russland und den USA unterzeichnete Neue-START-Vertrag, mit dem die Sprengköpfe von 2.200 auf je 1.550 und die Anzahl der Trägersysteme von 1.600 auf 800 reduziert werden müssen, gilt lediglich bis 2020. Ungeachtet russischer Bemühungen weigerten sich die USA zudem, Raketenabwehrsysteme irgendwelchen Restriktionen zu unterwerfen, und es gibt auch keine Automatismen, die eine Fortsetzung der Beschränkungen über den Geltungszeitraum hinaus garantieren würden. Im Extremfall könnten die USA also bei einer weiteren Verschlechterung der Beziehungen völlig legal nach Auslaufen des Vertrags wieder massiv nuklear aufrüsten, zumal sie über 5.080 gegebenenfalls schnell hierfür verwendbare eingelagerte Sprengköpfe verfügen, als »Rückversicherung [hedge] gegen technische oder geopolitische Überraschungen«[192]. Erschwerend kommt noch hinzu, dass die USA seit vielen Jahren unter dem Stichwort »Prompt Global Strike« an der Möglichkeit arbeiten, strategische Schläge mit konventionellen Waffen durchführen zu können. In absehbarer Zeit könnte sich hierdurch die Zahl der in die Berechnung von Erstschlagfähigkeitspotentialen einzubeziehenden Waffen sprunghaft erhöhen, zumal die USA bislang mögliche Begrenzungen weitreichender konventioneller Systeme ebenfalls kategorisch ablehnen.[193]

Und auch in diesem Zusammenhang könnte den im Rahmen der Nuklearen Teilhabe in Europa stationierten US-Atomwaffen künftig eine Rolle zukommen. Bislang waren sie zu ungenau und zu wenig durchschlagskräftig, um als strategische Waffen eingesetzt zu werden. Mit der B61-12-Modernisierung können sie künftig aber flexibel entweder als taktische oder eben strategische Waffen verwendet werden – sie könnten somit also zu integralen Bestandteilen amerikanischer Erstschlagspläne und möglicher russischer Gegenstrategien werden: »Rüstungsexperten bestätigen, dass die neuen taktischen Nuklearwaffen vom Typ B61-12 wesentlich zielgenauer sind als die Atombomben, die bislang in Büchel lagern. Im Kriegsfall sollen deutsche Tornado-Piloten im Rahmen der NATO-Strategie der ›Nuklearen Teilhabe‹ Angriffe mit den US-Bomben fliegen. ›Mit den neuen Bomben verwischen die Grenzen zwischen taktischen und strategischen Atomwaffen‹, kritisiert Hans Kristensen vom Nuclear Information Projects (Atomic Scientists) in Washington D.C.«[194]

... UND RAKETENSCHILD

Glaubt man den USA, so richtet sich der seit der Aufkündigung des ABM-Vertrags zur Begrenzung von Raketenabwehrsystemen im Juni 2002 im Aufbau befindliche Schild nicht gegen Russland und China, sondern primär gegen den Iran (wahlweise auch Nordkorea). Gleiches wird selbstredend auch für die diesbezüglichen Überlegungen im NATO-Rahmen behauptet. So heißt es in der Abschlusserklärung des Wales-Gipfels vom September 2014: »Raketenabwehrsysteme könnten die abschreckende Funktion von Atomwaffen ergänzen, sie aber nicht ersetzen. Die Kapazitäten sind rein defensiv.« (Absatz 52)

Immer wieder wird jedoch darauf hingewiesen, der eigentliche »Sinn« eines Raketenschilds sei primär die Zerstörung russischer und eventuell chinesischer Raketen. So berichtete etwa die *Moscow Times* im Februar 2013 von einem Briefing des US-Verteidigungsministeriums, nach dem der angeblich nur gegen den Iran gerichtete US-Raketenabwehrschild für exakt diesen Zweck vollkommen nutzlos sei.[195] Auch das Fazit einer Untersuchung des Konfliktforschungsinstituts HSFK kommt zu diesem Ergebnis: »Es gibt keine überzeugenden Iran-bezogenen Bedrohungsszenarien, die sowohl die gegenwärtigen Programme der USA als auch die derzeit zusätzlich vorhandenen Abwehrsysteme europäischer NATO-Mitglieder rechtfertigten.«[196]

Grundsätzlich gilt es, sich vor Augen zu führen, dass es mit dem defensiven Charakter von Raketenabwehrsystemen nicht sonderlich weit her ist, wie unter anderem in dem bereits oben zitierten Artikel in der *Foreign Affairs* beschrieben wird: »Die Art von Raketenabwehr, die von den USA wahrscheinlich zum Einsatz gebracht werden wird, wäre primär in einem offensiven Kontext sinnvoll – nicht in einem defensiven – als Ergänzung einer amerikanischen Erstschlagfähigkeit, nicht als Schutzschild an sich. Wenn die Vereinigten Staaten einen Nuklearangriff gegen Russland (oder China) führten, bliebe dem angegriffenen Land nur ein kleines Arsenal übrig – wenn überhaupt. Dann wäre sogar ein relativ bescheidenes oder wenig wirksames Raketenabwehrsystem zur Verteidigung gegen Vergeltungsschläge ausreichend, denn der schwer angeschlagene Feind hätte nur noch wenige Sprengköpfe und Ablenkungsattrappen. […] Washingtons konsistente Weigerung, einen Erstschlag auszuschließen, und die Entwicklung einer begrenzten Fähigkeit zur Raketenabwehr bekommen so eine neue, möglicherweise weit bedrohlichere Bedeutung.«[197]

In den USA hat die Forschung an einem Raketenabwehrschild schon lange eine hohe Priorität – schon vor Ronald Reagans berühmt-berüchtigter »Strategic Defense Initiative« (SDI) hat Washington dafür Schätzungen zufolge rund 150 Mrd. Dollar ausgegeben, und seither sind noch einmal über 165 Mrd. Dollar hinzugekommen.[198] Auch in der NATO werden seit einiger Zeit Überlegungen konkretisiert, einen Schild zur Abdeckung der EU-Staaten aufzubauen, der eng mit dem der USA verzahnt werden soll. Schon beim Prager NATO-Gipfel 2002 wurde der Auftrag für eine Machbarkeitsstudie (»Missile Defense Feasibility Study«) erteilt. Ergebnis der geheimen über 10.000-seitigen Studie war, dass ein solcher flächendeckender Schild prinzipiell technisch realisierbar sei und Kosten zwischen 27,5 und 30 Mrd. Euro, mit den notwendigen Frühwarnsatelliten 40 Mrd. oder mehr, verursachen werde.[199] Auf dem NATO-Gipfel in Lissabon im November 2010 folgte schließlich die endgültige Entscheidung: »Wir werden daher [...] die Fähigkeit entwickeln, unsere Bevölkerungen und Gebiete gegen einen Angriff mit ballistischen Flugkörpern als ein Kernelement unserer kollektiven Verteidigung zu verteidigen. [...] Wir werden aktiv die Zusammenarbeit mit Russland und anderen euro-atlantischen Partnern in der Raketenabwehr anstreben«, hieß es im dort verabschiedeten neuen Strategischen Konzept (Absatz 19).

Da Russland – zumindest offiziell – erklärtermaßen ins Boot geholt werden sollte, wurden die bisherigen von Moskau scharf kritisierten Pläne abgeändert und am 2. Februar 2012 ein »European Phased Adaptive Approach« (EPAA) offiziell bekanntgegeben, der über verschiedene Ausbaustufen verfügt: »In Phase 1 des EPAA hatten die USA 2011 ein erstes Schiff im Mittelmeer stationiert, das mit dem Aegis-System zur Raketenabwehr ausgestattet war. Im türkischen Kürecik wurde ein mobiles AN/TPY-2-Radar stationiert, das Informationen über angreifende Raketen gewinnen und an Feuerleitstellen übermitteln soll. Ende 2015 wurde Phase 2 von EPAA abgeschlossen, als im rumänischen Deveselu eine landgestützte Raketenabwehrbasis ihre technische Funktionsfähigkeit erlangte und dem Betreiber für Test- und Trainingszwecke zugeführt wurde. Überdies sind mittlerweile vier mit SM-3-Abfangraketen ausgestattete US-Schiffe im spanischen Rota stationiert. [...] Die letzte und dritte Phase des Aufbaus von EPAA soll 2018 erreicht sein, sobald im polnischen Redzikowo eine landgestützte Raketenabwehrbasis einsatzfähig ist.«[200]

Spätestens die ursprünglich geplante vierte EPAA-Ausbaustufe wäre selbst nach Angaben einer Studie der Generaldirektion für Außenbeziehungen des EU-Rates zumindest potentiell in jedem Fall in der Lage gewesen, russische Interkontinentalraketen abzufangen.[201] Nach scharfer russischer Kritik wurde auf diese vierte Phase im März 2013 verzichtet, was die NATO zu der Behauptung veranlasst, nun sei allen Vorbehalten Moskaus entsprochen worden. Doch so einfach ist es nicht – einmal argumentiert Russland, auch Teile der zu den ersten drei Phasen gehörenden Kapazitäten könnten gegen Russland gerichtet werden. Viel schwerer wiegt aber noch das »Aufwuchspotential« des Schildes: Da weder USA noch NATO irgendwelche verlässlichen Limitierungen akzeptieren, könnten bestehende Elemente einer Raketenabwehr als eine Art »Brückenkopf« dienen, der im Bedarfsfall weiter ausgebaut werden kann. Oder, in den Worten der »Stiftung Wissenschaft und Politik«: »Sorgen bereitet Russland vor allem die globale, flexible und offene Architektur der geplanten amerikanischen Raketenabwehr.«[202] Die Art und Weise, wie in jüngster Zeit nun auch offen gefordert wird, den Raketenabwehrschild gegen Russland auszurichten, bestätigt in diesem Zusammenhang sämtliche Befürchtungen auf russischer Seite: »In der Nato gibt es Überlegungen, die gegen potenzielle Angriffe aus dem Nahen Osten geplante Raketenabwehr auch gegen Russland auszurichten. Solche Forderungen, unterstützt von den USA, kommen nach SPIEGEL-Informationen aus den baltischen Mitgliedsländern und Polen.«[203]

Im Augenblick übernehmen die USA den Löwenanteil der Kosten, was ihnen aber auch die Verfügungsgewalt über die NATO-Raketenabwehr einbringt. Doch auch andere Länder und nicht zuletzt Deutschland sind substantiell beteiligt: »Erstens befindet sich das Kontroll- und Führungszentrum im deutschen Ort Ramstein. Zweitens hat Deutschland ein Einsatzkontingent Patriot-Flugabwehrraketen mit bis zu drei Feuereinheiten als Beitrag zum Nato-Raketenabwehrsystem gemeldet. [...] Drittens unterstützt Deutschland das deutsch-niederländische Kompetenzzentrum zur Verbesserung der Luft- und Raketenabwehr (Competence Centre for Surface Based Air and Missile Defence) in Ramstein, indem es Personal bereitstellt.«[204]

Rüstungsspirale
statt Rüstungskontrolle

Faktisch machen die von den USA und der NATO in den Nuklearbereich investierten Milliardenbeträge und die dazugehörigen Projekte nur im Kontext einer Atomkriegführung gegen Russland und China Sinn. Mit diesbezüglichen Verdächtigungen aufzuräumen, wäre relativ simpel, Washington müsste nur klar vertraglich fixierten und zeitlich unbefristeten Begrenzungen strategischer Offensivwaffen (nuklear wie konventionell) und von Raketenabwehrsystemen zustimmen – doch dazu ist es nicht bereit. Stattdessen ist das gesamte etablierte Rüstungskontrollsystem im Begriff, in sich zusammenzustürzen. Dazu gehört die Aufkündigung des »Vertrags über Konventionelle Streitkräfte in Europa« (KSE) durch Russland im März 2015, die mit der Verlegung von US-Soldaten und Kampffahrzeugen ins Baltikum begründet wurde. Darüber hinaus gibt es sowohl in den USA als auch in Russland einflussreiche Kräfte, die auf eine Kündigung des INF-Vertrags zur Begrenzung atomarer Mittelstreckenraketen drängen.

An Fortschritte im Bereich der atomaren Abrüstung ist somit aktuell überhaupt nicht zu denken – und allen Forderungen in eine solche Richtung wird auch eine deutliche Absage erteilt, wenn es etwa in einer Studie unter Beteiligung von BAKS-Präsident Karl-Heinz Kamp heißt: »Angesichts der aktuell in Moskau angestellten Überlegungen zu Nuklearfragen ist die nukleare Rüstungskontrolle in Europa – das heißt die beiderseitige Reduzierung von nicht-strategischen Atomwaffen – nicht mehr länger eine Option.«[205] In einem weiteren Artikel brachte Kamp schließlich die derzeit leider dominierende Position folgendermaßen auf den Punkt: »Unter den aktuellen konfrontativen Bedingungen ist eine gemeinsame Reduzierung der Atomwaffen in Europa kaum noch vorstellbar. [...] Damit ist nukleare Rüstungskontrolle nicht grundsätzlich ausgeschlossen, sie bleibt integraler Teil westlicher Sicherheitspolitik. Allerdings ist sie dem Zweck der Sicherheitsvorsorge eindeutig nachgeordnet. Es ist nicht der primäre Daseinszweck einer Nuklearwaffe, abgerüstet zu werden. Zweck einer Kernwaffe – wie auch jeder anderen Waffen – ist es, zur Sicherheit und Verteidigung beizutragen.«[206] In der Abschlusserklärung des Warschauer NATO-Gipfels im Juli 2016 hieß es dann ganz ähnlich: »Fortschritte bei der Rüstungskontrolle und Abrüstung müssen die vorherrschende internationale Sicherheitsumgebung berücksichtigen. Wir bedauern, dass die Umstände, um Abrüstung zu erreichen, nicht günstig sind.« (Absatz 65)

Würfelspiel mit der Katastrophe

Russland reagiert auf all die beschriebenen Entwicklungen seinerseits unter anderem damit, dass es im Januar 2016 ankündigte, drei Divisionen (30.000 Soldaten) an seine Westgrenze zu verlegen. Auch die Manöver wurden analog zum Westen drastisch nach oben gefahren. Dennoch ist weder davon auszugehen, dass der Westen ernsthaft einen direkten Zusammenstoß mit Russland provozieren will, und noch weniger gilt das für die weitaus schwächere Gegenseite. Aber das aggressive Säbelrasseln beider Akteure trägt zu einer gefährlichen Stimmung bei, in der Situationen schnell ungewollt außer Kontrolle geraten können – zumal die beiderseitige Bereitschaft, sich in Stellvertreterkriegen vermittelt miteinander anzulegen, in der Ukraine deutlich unter Beweis gestellt wurde.

Hier sind es vor allem auch die Manöver, denen ein großes Eskalationspotential innewohnt. Schon im November 2014 warnte die Studie »Dangerous Brinkmanship« des »European Leadership Network« davor, dass es in einer Reihe von Fällen zu brenzligen Situationen und Beinahe-Zusammenstößen gekommen sei, die auch leicht zu einem Krieg zwischen Russland und dem Westen hätten eskalieren können. Damals wurden 40 solche Situationen identifiziert, im bislang letzten Update im März 2015 kamen noch einmal 27 weitere hinzu.[207] Seither gibt es immer wieder Berichte über weitere Beinahe-Zusammenstöße. So etwa im September 2016, als sich ein russischer Abfangjäger und ein amerikanisches Aufklärungsflugzeug bis auf drei Meter genähert haben sollen. Angesichts der Folgen eines tatsächlichen Zusammenstoßes ist es umso erschreckender, dass es sich bei derartigen Vorfällen laut dem Chef des US-Militärgeheimdienstes DIA, Vincent Stewart, mehr oder weniger um Routine zu handeln scheint: »Dass die USA und Russland von Zeit zu Zeit in verschiedenen Regionen der Welt aneinanderstoßen, wo ihre Interessen kollidieren, ist eher die Norm als die Ausnahme.«[208]

Nicht zuletzt deshalb warnt auch der Leiter der Münchner Sicherheitskonferenz, Wolfgang Ischinger, das »Eskalationsrisiko« sei »unerträglich hoch«. Dies sei vor allem auch der Tatsache geschuldet, dass es im Falle einer ernsten Konfrontation keine nennenswerten Krisenmanagementmechanismen gäbe: »Bis heute gibt es kein gemeinsames militärisches Krisenreaktionszentrum der NATO und Russlands oder auch nur gemeinsame Absprachen über das Vorgehen im Falle eines militärischen Zwischenfalls. Wer wen wie kontaktieren würde, um bei einem solchen Fall eine Eskalation zu verhindern, ist nicht hinreichend geklärt. Je unklarer in einem solchen Krisenmoment aber die Abläufe sind, desto höher ist die Gefahr von katastrophalen Entwicklungen.«[209]

Vor diesem Hintergrund ist es nachvollziehbar, dass der »Bulletin of the Atomic Scientists« seine berühmt-berüchtigte »Doomsday Clock«, die anzeigt, wie kurz die Welt vor einem Atomkrieg steht, auf drei Minuten vor zwölf nach vorn stellte. Nach Auffassung der Atomwissenschaftler war die Welt nur einmal, 1953, näher an einem solchen Abgrund.[210] Natürlich ist Russland nicht schuldlos an der Situation, aber – wie ausgeführt – es war die NATO, deren Politik erstinstanzlich zur Verhärtung der Fronten führte – und es ist deshalb auch an dem Bündnis, die ersten substantiellen Schritte zur Entspannung der Lage zu unternehmen. Stattdessen immer weiter an der Eskalationsspirale zu drehen, ist hochgradig fahrlässig, wie unter anderem der konservative Historiker Michael Stürmer warnte: »Im Schatten nuklearer Waffen ist das ein Würfelspiel mit der Katastrophe.«[211]

7. Unter Brüdern: Deutschland, der eigennützige Komplize

Spätestens seit dem Auftritt von Bundespräsident Joachim Gauck bei der Münchner Sicherheitskonferenz Anfang 2014 ist in der öffentlichen Debatte über Deutschlands Rolle in der Welt unüberhörbar ein neuer Ton zu vernehmen. Im Zentrum steht dabei der damals scheinbar formulierte »Münchner Konsens«, die Forderung, Deutschland müsse seine – zumindest idealtypisch – bislang an den Tag gelegte »Kultur der (militärischen) Zurückhaltung« zugunsten einer offensiver ausgerichteten Außenpolitik ad acta legen. Das hinter dem »Gauckismus« (Pfeifer/Spandler[212]) stehende Gedankengebäude entstand allerdings nicht im luftleeren Raum. Es spiegelt vielmehr einen Elitenkonsens wider, der im Projekt »Neue Macht – Neue Verantwortung« von langer Hand vorbereitet wurde und der auf einen größeren weltpolitischen Einfluss Deutschlands abzielt. Hierfür wird wiederum die Fähigkeit und die Bereitschaft zur Teilnahme an Militärinterventionen für zwingend erforderlich erachtet. Mit der Verabschiedung des *Weißbuchs der Bundeswehr* am 13. Juli 2016 wurde der »Münchner Konsens« dann schließlich zur offiziellen deutschen Regierungspolitik erhoben.

Seither wird der »Münchner Konsens« auf vielfältige Weise in die Praxis umgesetzt, wobei die Dämonisierung Russlands helfen soll, bei der Bevölkerung die entsprechende Stimmung zu erzeugen, damit sich die durchaus vorhandene Skepsis nicht allzu hinderlich auswirkt. Die mittlerweile ins Leben gerufene »Agenda Rüstung« zielt folgerichtig darauf ab, Deutschlands machtpolitische Ambitionen mit den für erforderlich gehaltenen militärischen Ressourcen zu flankieren. Eine drastische Erhöhung des Rüstungsetats sowie zahlreiche neue Rüstungsgroßprojekte sind die Folge. Dies alles geschieht – ungeachtet mancher Meinungsverschiedenheiten im Detail – im vollsten Einverständnis mit den USA. Die Bundesregierung muss hierzu aber nicht von den USA regelrecht zum Jagen getragen werden, wie teils suggeriert wird. Sie handelt vielmehr im Interesse der überwiegenden Mehrheit der deutschen Großunternehmen – und das besteht nicht zuletzt auch darin, den tendenziell überforderten USA bei der Aufrechterhaltung der neoliberalen Weltwirtschaftsordnung stärker unter die Arme zu greifen. Hier dürften die Gründe dafür liegen, dass Deutschland mittlerweile in der NATO buchstäblich an vorderster Front kämpft.

Zurückhaltung versus Intervention

Vor noch nicht einmal allzu langer Zeit war jegliche deutsche Beteiligung an Militärinterventionen im Ausland noch undenkbar gewesen. Insofern verwundert es nicht, dass der damalige Bundeskanzler Gerhard Schröder die deutsche Beteiligung am Angriffskrieg gegen Jugoslawien 1999 und die damit einhergehende »Enttabuisierung des Militärischen«

rückblickend als die größte Errungenschaft seiner Amtszeit würdigte.[213] Besonders als aber der seit 2001 nicht unwesentlich auch mit deutschen Soldaten geführte Afghanistan-Krieg ab Mitte des Jahrzehnts immer weiter eskalierte, nahm sowohl in der Bevölkerung, aber auch in Teilen der politischen Entscheidungsträger die Skepsis gegenüber umfangreichen Auslandseinsätzen der Bundeswehr wieder zu. Sichtbarster Ausdruck dessen war ein in der Folge hochgradig umstrittener Passus im Schwarz-Gelben Koalitionsvertrag des Jahres 2009: »Wir handeln militärisch nur dann, wenn wir dies im Rahmen der VN, der NATO oder der EU sowie aufgrund einer völkerrechtlichen Legitimation tun können. Unberührt davon bleibt das Recht auf Selbstverteidigung. Von unserer Kultur der Zurückhaltung werden wir uns weiterhin leiten lassen.«[214]

Dementsprechend entschied die Bundesregierung im Jahr 2011, sich bei der Abstimmung über die UN-Resolution 1973 zu enthalten[215] und damit faktisch einer Teilnahme an einem Krieg gegen Libyen eine Absage zu erteilen. Für große Teile der Entscheidungsträger war mit dieser Entscheidung, für die primär der inzwischen verstorbene damalige Außenminister Guido Westerwelle verantwortlich gemacht wurde, »der Gipfel des Zumutbaren überschritten«[216]. In den Chor der zahlreichen Kritiker stimmte auch der ehemalige Außenminister Joschka Fischer ein, der dabei folgendermaßen argumentierte: »Mir bleibt da nur die Scham für das Versagen unserer Regierung und – leider! – auch jener roten und grünen Oppositionsführer, die diesem skandalösen Fehler anfänglich auch noch

Beifall spendeten. [...] Die deutsche Politik hat in den Vereinten Nationen und im Nahen Osten ihre Glaubwürdigkeit eingebüßt, der Anspruch der Bundesrepublik auf einen ständigen Sitz im Sicherheitsrat wurde soeben endgültig in die Tonne getreten, und um Europa muss einem angst und bange werden.«[217]

Doch allen Bemühungen zum Trotz sollte sich das Libyen-Debakel kurze Zeit später bei der Frage, ob sich Deutschland an einem möglichen US-Krieg gegen Syrien, der 2012 im Raum stand, beteiligen würde, wiederholen. Die Bundesregierung verweigerte eine mögliche Teilnahme, was in weiten Teilen des außen- und sicherheitspolitischen Establishments erneut auf großes Unverständnis stieß. Hier tat sich unter anderem Markus Kaim von der »Stiftung Wissenschaft und Politik« als einer der schärfsten Kritiker hervor: »Bundestag und Bundesregierung sollten sich darauf vorbereiten, dass die Frage einer deutschen Beteiligung an einem internationalen Militärengagement in Syrien von Partnerländern innerhalb wie außerhalb der NATO an sie herangetragen werden könnte, und bereits frühzeitig die deutsche Rolle dabei konkret festlegen. Ein schlichtes ›Ohne uns‹ würde die moralische Glaubwürdigkeit deutscher Außenpolitik massiv unterminieren und die Partner der Bundesrepublik (erneut) fragen lassen, welche Lasten Deutschland denn in der internationalen Politik zu schultern bereit sei.«[218] Aus Kaims Sicht war das Kernproblem schnell identifiziert: »In der Bezugnahme auf eine Kultur der Zurückhaltung spiegelt sich das außenpolitische Selbstverständnis der alten Bundesrepublik bis 1990 wider. [...] Aber die Rahmenbedingungen haben sich geändert: Wir haben es heute nicht mehr mit Konflikten wie während des Kalten Krieges zu tun, sondern in der Regel mit ganz unterschiedlichen innerstaatlichen Konflikten.«[219]

Auch wenn der allseits erhobene Vorwurf, Deutschland sei unter Schwarz-Gelb zu einer Art »Pazifistischem Abstinenzler« mutiert, angesichts der Außen- und Sicherheitspolitik dieser Jahre reichlich abwegig ist, so lässt sich dennoch unzweifelhaft festhalten, dass vor allem Guido Westerwelle sich als Hindernis für ein deutlich umfänglicheres Militärengagement erwiesen hatte. Insofern ist es auch nicht verwunderlich, dass ihm der geballte Zorn großer Teile des Establishments entgegenschlug. Er sei der »schlechteste aller zwölf deutschen Außenminister«[220] und habe einen »diplomatischen Scherbenhaufen«[221] hinterlassen, hieß es beispielsweise. Derart angegriffen, meldete sich Westerwelle in einem Interview zu Wort, indem er die scharfen Attacken gegen seine Politik der militärischen Zurückhaltung mit folgenden Worten konterte: »Ich bin in meinem politischen Leben oft dafür kritisiert worden, dass ich mich mehrmals gegen eine deutsche Beteiligung an militärischen Interventionen gestellt habe. Aber wie ist denn heute die Lage im Irak? Oder in Libyen? Ich kann nicht sehen, warum eine politische Reifung des wiedervereinigten Deutschlands mit mehr militärischen Interventionen einhergehen muss. Politische und diplomatische Lösungen haben für mich Vorrang. Wir sollten bei der Kultur der militärischen Zurückhaltung bleiben. Deutsche Außenpolitik ist Friedenspolitik. Die Pickelhaube steht uns nicht.«[222]

Allerdings lässt sich feststellen, dass mittlerweile eine Mehrheit der Funktionseliten zu dem Ergebnis gelangt war, dass Deutschland die Pickelhaube sehr wohl gut zu Gesicht steht. Um einen Kurswechsel herbeizuführen, wurde deshalb mit Blick auf die anstehenden Wahlen das Projekt »Neue Macht – Neue Verantwortung« ins Leben gerufen, dessen Leitung wohl nicht von ungefähr Markus Kaim (zusammen mit Constanze Stelzenmüller) übertragen wurde.

GESCHICHTE WIRD GEMACHT: NEUE MACHT – NEUE VERANTWORTUNG

Das Projekt »Neue Macht – Neue Verantwortung« wurde von der »Stiftung Wissenschaft und Politik« (SWP) sowie vom »German Marshall Fund« (GMF) geleitet. Es versammelte zwischen November 2012 und September 2013 etwa 50 »außen- und sicherheitspolitische Fachleute aus Bundestag, Bundesregierung, Wissenschaft, Wirtschaft, Stiftungen, Denkfabriken, Medien und Nichtregierungsorganisationen«[223]. Sie erarbeiteten das Papier »Neue Macht – Neue Verantwortung«, das im September 2013 veröffentlicht wurde und dessen Bedeutung nur schwer überschätzt werden kann: »Organisation, Finanzierung und Zusammensetzung dieses Kreises machen die Stellungnahme zu einem hochoffiziellen Papier, mit dem sichtbar ein parteienübergreifender Konsens in den außenpolitischen Vorstellungen der politischen Klasse hergestellt und dokumentiert werden sollte.«[224]

Leitend ist zunächst die Einschätzung, dass die engen Grenzen, die dem deutschen Agieren auf der Weltbühne in früheren Jahrzehnten gesetzt waren, heute in dieser Form nicht mehr existieren: »Der Bonner Republik fehlten sowohl das Gewicht als auch die Freiheit für eigenständige Politik gegenüber Partnern außerhalb des europäischen und transatlantischen Rahmens. Deutschlands gewachsene Kraft verleiht ihm heute neue Einflussmöglichkeiten. Auch das ist Anlass für eine Neuvermessung seiner internationalen Beziehungen.« (S. 30) Gleichzeitig wird bemängelt, dass diese sich bietende Gelegenheit bislang in keiner Weise nutzbringend ergriffen wurde: »Bisher hat Deutschland jedoch, zumindest im Verhältnis zu seiner Wirtschaftskraft, seinem geopolitischen Gewicht und seinem internationalen Ansehen, eher selektiv und zögerlich Gestaltungsangebote gemacht oder Initiativen ergriffen. Noch ist Deutschland eine Gestaltungsmacht im Wartestand.« (S. 9)

Um dieses Potential realisieren zu können, dürfe aber außen- und sicherheitspolitisch kein Stein auf dem anderen bleiben, wie aus folgender Passage überdeutlich wird: »Die Umwälzungen in Deutschlands strategischem Umfeld – in der Europa- und der Sicherheitspolitik, im Umgang mit neuen Mächten und bei der Erneuerung der globalen Ordnung – verlangen eine neue Definition deutscher Staatsziele.« (S. 5) Als Begründung, weshalb ein derart tiefgreifender Kurswechsel geboten sei, wird auf eine Floskel verwiesen, die verdächtig an das Spiderman-Motto »Aus großer Macht erwächst große Verantwortung« erinnert: »Deutschland war noch nie so wohlhabend, so sicher und so frei wie heute. Es hat – keineswegs nur durch eigenes Zutun – mehr Macht und Einfluss als jedes demokratische Deutschland vor ihm. Damit wächst ihm auch neue Verantwortung zu.« (S. 2)

Unmissverständlich wird der Anspruch formuliert, künftig in der allerersten Riege der »Gestaltungsmächte« mitspielen zu wollen: »Gefragt sind mehr Gestaltungswillen, Ideen und Initiativen. Deutschland wird künftig öfter und entschiedener führen müssen.« (S. 3) So heißt es zum Beispiel mit Blick auf die Vereinten Nationen: »Im Sicherheitsrat sollten die führenden neuen Gestaltungsmächte vertreten sein, die bereit und willens sind, Verantwortung für die internationale Ordnung zu übernehmen. Dazu gehört auch Deutschland.« (S. 14 f.)

Generell werde Deutschland künftig »eigene Interessen und Werte deutlich(er) artikulieren müssen«. (S. 44) Weshalb dies für erforderlich erachtet wird und was darunter konkret zu verstehen ist, verdeutlicht folgende Passage: »Wenn Deutschland die eigene Lebensweise erhalten und schützen will, muss es sich folglich für eine friedliche und regelbasierte Weltordnung einsetzen; mit allen legitimen Mitteln, die Deutschland zur Verfügung stehen, einschließlich, wo und wenn nötig, den militärischen. [...] Deutschland profitiert wie kaum ein anderes Land von der Globalisierung und der friedlichen, offenen und freien Weltordnung, die sie möglich macht. Gleichzeitig ist Deutschland aber auch besonders abhängig vom Funktionieren dieser Ordnung. Es ist damit auf besondere Weise verwundbar und anfällig für die Folgen von Störungen im System.« (S. 38 und 3) Neben solch allgemeinen Absichtserklärungen zur Absicherung der gegenwärtigen Weltwirtschaftsordnung mitsamt ihren Hierarchie- und Ausbeutungsstrukturen wird aber auch vor Forderungen nach direkter militärischer Rohstoffsicherung nicht zurückgeschreckt: »Deutschlands Streitkräfte [...] bleiben notwendig für die Landes- und Bündnisverteidigung; sie helfen, Krisen vorzubeugen sowie Konflikte einzudämmen und zu beenden; sie beteiligen sich an der Sicherung von Versorgungswegen; und sie retten notfalls deutsche Staatsbürger im Ausland.« (S. 40)

Was die Aufrechterhaltung der Weltordnung anbelangt, identifiziert das Dokument auf der einen Seite »Partner« Deutschlands und auf der anderen »Herausforderer« und »Störer«. Zu letztgenannten zählen Länder wie der Iran oder Venezuela, aber auch zerfallene Staaten wie Mali werden hier einsortiert. Sie soll, so erforderlich, die volle Wucht deutscher und internationaler Verantwortungspolitik treffen: »Da aber, wo Störer die internationale Ordnung in Frage stellen; wo sie internationale Grundnormen [...] verletzen; wo sie Herrschaftsansprüche über Gemeinschaftsräume oder die kritische Infrastruktur der Globalisierung geltend machen oder gar diese angreifen; wo mit anderen Worten Kompromissangebote oder Streitschlichtung vergeblich sind: Da muss Deutschland bereit und imstande sein, zum Schutz dieser Güter, Normen und Gemeinschaftsinteressen im Rahmen völkerrechtsgemäßer kollektiver Maßnahmen auch militärische Gewalt anzuwenden oder zumindest glaubwürdig damit drohen zu können.« (S. 17) Allerdings scheinen es nicht alle Teilnehmer für notwendig zu erachten, sich ausschließlich »völkerrechtsgemäßer kollektiver Maßnahmen« zu bedienen. Was die Haltung bezüglich der Frage anbelangt, ob ein Mandat des UN-Sicherheitsrates bei Militäreinsätzen – und damit die Einhaltung elementarer Grundpfeiler des Völkerrechts – zwingend erforderlich sei, heißt es lapidar: »Bei dieser Frage blieben die Positionen innerhalb des Projekts unvereinbar.« (S. 41) Hierbei handelte es sich im Übrigen um den einzigen ausgewiesenen Dissens unter den Teilnehmern des Projekts.

Die andere »Gegnerkategorie« sind die »Herausforderer«, zu denen zuvorderst Russland und China gezählt werden. Schon deutlich vor Eskalation der Ukraine-Krise heißt es: »Deshalb wird es in Deutschlands Beziehungen zu den neuen wirtschaftlichen und politischen Kraftzentren der Welt unweigerlich auch zu Konkurrenz und Konflikten kommen: um Einfluss, um den Zugang zu Ressourcen, aber auch um die Architektur der internationalen Ordnung sowie um die Geltung der Normen, die ihr zugrunde liegen. [...] Manche Herausfordererstaaten könnten in diesem Prozess zu echten Partnern für Deutschland werden; vorstellbar ist aber auch, dass manche sich für die Konfrontation entscheiden.« (S. 33)

Und schließlich nennt »Neue Macht – Neue Verantwortung« auch »Partner« bei der Aufrechterhaltung der westlichen Weltordnung. Dabei wird die EU als elementarer Kräftemultiplikator betrachtet, in der Deutschland allerdings eine Führungsrolle spielen soll: »Erst die wirtschaftliche und politische Integration hat den Staaten Europas im Verbund das internationale Gewicht verliehen, das auch die Großen des Kontinents allein nicht mehr auf die Waagschale bringen. [...] Deutschland wird hier [in der EU] öfter und entschiedener führen müssen.« (S. 20)

Die USA gelten ebenfalls als unverzichtbarer Partner, wobei aber ganz im Sinne des »Transatlantischen New Deals« auf eine Neuverteilung der Arbeits- und Machtverteilung gedrungen wird. »Doch die USA signalisieren – im Bewusstsein geschrumpfter materieller Ressourcen – deutlich, dass Amerikas Engagement in der Welt künftig selektiver und sein Anspruch an Partner entsprechend höher sein wird. Vor allem für Europa und Deutschland bedeutet dies einen großen Zuwachs an Aufgaben und Verantwortung. [...] Auf der militärisch-operativen Ebene dagegen müssen die Europäer sich darauf einstellen, dass die USA nicht nur seltener eine Führungsrolle einnehmen, sondern sich überhaupt weniger an gemeinsamen Missionen beteiligen wollen. Europa und Deutschland müssen daher Formate für NATO-Operationen entwickeln, bei denen sie weniger auf US-Hilfe angewiesen sind. Das verlangt mehr militärischen Einsatz und mehr politische Führung.« (S. 5 und 43)

In Übereinstimmung mit den diesbezüglichen Überlegungen in den USA und der EU wird die unmittelbare Nachbarschaft dann noch als wichtigster Aktionsraum identifiziert, wo man sich als regionaler Hegemon etablieren will: »In Europas südlicher und östlicher Nachbarschaft muss die EU als regionale Ordnungsmacht Stabilität und gute Regierungsführung anstreben – und dabei nicht nur auf Regierungen zielen, sondern auf Zivilgesellschaften. Hierzu sollten wirtschaftliche, diplomatische und auch sicherheitspolitische Instrumente konsequent eingesetzt werden.« (S. 26)

Hiermit waren die wesentlichen »Elemente einer außenpolitischen Strategie für Deutschland« (S. 47) zusammengetragen, die zunächst im Koalitionsvertrag und in der Folge von Gauck und im *Weißbuch der Bundeswehr* aufgegriffen werden sollten.

Von Gauck zum Weissbuch

Die »Macher« von »Neue Macht – Neue Verantwortung« waren sich augenscheinlich sicher, »erfolgreich« einen parteiübergreifenden Konsens etablieren zu können, so dass sie überhaupt keine Notwendigkeit sahen, auf die Debatten im Vorfeld der Bundestagswahlen 2013 Einfluss nehmen zu müssen. »Wir haben das bewusst nicht im Wahlkampf, sondern zu den Koalitionsverhandlungen hin veröffentlicht«, erläuterte Projektleiterin Constanze Stelzenmüller.[225] Und in der Tat, betrachtet man die betreffenden Passagen im Schwarz-Roten Koalitionsvertrag, so hat es den Anschein, als seien sie teils direkt aus »Neue Macht – Neue Verantwortung« abgepinselt worden: »Deutschland stellt sich seiner internationalen Verantwortung. Wir wollen die globale Ordnung aktiv mitgestalten. Dabei lassen wir uns von den Interessen und Werten unseres Landes leiten.«[226] Wie *Die Welt* berichtet, scheint es bei den Regierungsparteien vollkommen unstrittig gewesen zu sein, mit der »Kultur der Zurückhaltung« ein für alle Mal aufzuräumen:

»Einig waren sich Union und SPD aber tatsächlich immer dann, wenn es darum ging, die Doktrin des amtierenden Außenministers Guido Westerwelle (FDP) zu beerdigen. So ist die von Westerwelle am häufigsten zitierte Formulierung des alten Koalitionsvertrages, man lasse sich bei militärischen Interventionen von einer ›Kultur der Zurückhaltung‹ leiten, im neuen Vertrag nicht mehr enthalten.«[227]

Eigentlich war damit der Fisch geputzt, es brauchte nun aber noch jemanden, der diesen Paradigmenwechsel der Öffentlichkeit verkaufen konnte. Diese Person war mit dem ohnehin extrem militäraffinen Bundespräsidenten Joachim Gauck auch schnell gefunden. Darüber hinaus existierte mit Thomas Kleine-Brockhoff, dem vormaligen Leiter des »German Marshall Fund«, eine direkte personelle Verbindung zwischen dem Papier »Neue Macht – Neue Verantwortung« und dem Bundespräsidenten, der ihn im Sommer 2013 als neuen Leiter seiner Stabsstelle Planung und Reden verpflichtete.[228] Es liegt demzufolge mehr als nahe, hierin den Grund zu vermuten, dass der Projektbericht faktisch als Blaupause für Gaucks Rede fungierte, für die er dann die Münchner Sicherheitskonferenz Anfang 2014 als Bühne nutzte.

Um die klaren Überschneidungen zu belegen, seien an dieser Stelle einige Passagen aus der Rede des Bundespräsidenten etwas ausführlicher zitiert: »Die Beschwörung des Altbekannten wird künftig nicht ausreichen! Die Kernfrage lautet doch: Hat Deutschland die neuen Gefahren und die Veränderungen im Gefüge der internationalen Ordnung schon angemessen wahrgenommen? Reagiert es seinem Gewicht entsprechend? [...] Ich meine: Die Bundesrepublik sollte sich als guter Partner früher, entschiedener und substantieller einbringen. [...] Manchmal kann auch der Einsatz von Soldaten erforderlich sein. [...] Es ist trügerisch sich vorzustellen, Deutschland sei geschützt vor den Verwerfungen unserer Zeit – wie eine Insel. Denn Deutschland ist so tief verwoben mit der Welt wie wenige andere Staaten. Somit profitiert Deutschland besonders von der offenen Ordnung der Welt. Und es ist anfällig für Störungen im System. Eben deshalb können die Folgen des Unterlassens ebenso gravierend wie die Folgen des Eingreifens sein – manchmal sogar gravierender.«[229]

In den Augen der politischen Entscheidungsträger hat sich der »Gauckismus« als neues außenpolitisches Leitbild bewährt. Kaum etwas spiegelt dies deutlicher wider als das am 13. Juli 2016 erschienene *Weißbuch der Bundeswehr*. Dabei handelt es sich um das wichtigste sicherheitspolitische Grundlagendokument Deutschlands, das federführend vom Verteidigungsministerium angefertigt, aber mit anderen Ressorts abgestimmt wurde. Verabschiedet wurde es dann schlussendlich vom Kabinett, was es zu einem regierungsamtlichen Papier macht. Das *Weißbuch* atmet auf fast jeder Seite den Geist des »Gauckismus«, das Wort »Verantwortung« findet sich darin nicht weniger als 72 Mal, etwa wenn es heißt: »Deutschland ist ein in hohem Maße global vernetztes Land, das aufgrund seiner wirtschaftlichen, politischen und militärischen Bedeutung, aber auch angesichts seiner Verwundbarkeiten in der Verantwortung steht, die globale Ordnung aktiv mitzugestalten.«[230]

Die Kontrolle von Rohstoffen und Handelswegen werden im *Weißbuch* einmal mehr ebenso zu militärischen Aufgaben erhoben wie generell die Sicherung einer »regelbasierten Ordnung«. Dabei gilt es, »Störern« – wie sie noch in »Neue Macht – Neue Verantwortung« genannt wurden – entschieden entgegenzutreten. Insbesondere was Russland anbelangt, spricht das *Weißbuch* eine klare Sprache: »Die Krise in der und um die Ukraine ist konkreter Niederschlag einer langfristigen innen- und außenpolitischen Entwicklung. Russland wendet sich dabei von einer engen Partnerschaft mit dem Westen ab und betont strategische Rivalität. International präsentiert sich Russland als eigenständiges Gravitationszentrum mit globalem Anspruch.« (S. 32)

Für all das gelten die USA auch im *Weißbuch* als unverzichtbarer Partner, weshalb sich darin ebenfalls die nahezu obligatorischen transatlantischen Treueschwüre finden. Allerdings wird dabei auch nicht versäumt, auf die wachsende eigene Rolle zu pochen: »Die Bedeutung des europäischen Pfeilers in der NATO wächst. Die europäischen Mitgliedstaaten sind gefordert, mehr Verantwortung zu übernehmen – auch im Sinne einer ausgewogeneren Lastenteilung.« (S. 67) Gleichzeitig betont das *Weißbuch*, dass es hierfür vor allem zweier Dinge Bedarf: mehr Geld und mehr Ausrüstung für die Bundeswehr: »Ein wirksamer Beitrag zu Verantwortung und Führung Deutschlands erfordert, Aufgabenspektrum und Ressourcenausstattung der Bundeswehr wieder in Einklang zu bringen. [...] Derzeit ist die Bundeswehr hinsichtlich ihrer Strukturen und Ressourcen zur Erfüllung dieser Zielsetzungen noch nicht in dem angestrebten Umfang aufgestellt.« (S. 117)

KRIEG GEGEN DIE BEVÖLKERUNG

Spätestens mit dem *Weißbuch der Bundeswehr* wurde der Anspruch erhoben, dem angeblichen machtpolitischen Schattendasein endgültig zu entrinnen. Allerdings lässt sich erfreulicherweise feststellen, dass in der Bevölkerung keinerlei »Münchner Konsens« existiert. Dies ging jedenfalls klar aus den Ergebnissen einer repräsentativen Umfrage vom April und Mai 2014 hervor: »Verglichen mit den Ergebnissen einer ähnlichen Untersuchung der amerikanischen Rand-Corporation aus dem Jahr 1994 haben sich die Verhältnisse umgekehrt. Damals plädierten 62 Prozent für ein größeres deutsches Engagement. Heute sind es noch 37 Prozent. Damit wird klar: Eine deutliche Mehrheit steht den Plädoyers von Bundespräsident Joachim Gauck, Verteidigungsministerin Ursula von der Leyen und Steinmeier, Deutschland möge sich weltweit mehr engagieren, erst mal skeptisch gegenüber.«[231]

Im Anschluss an die Münchner Sicherheitskonferenz 2014 wurde deshalb gebetsmühlenartig versucht, der deutschen Bevölkerung den »Münchner Konsens« einzutrichtern: »Inzwischen ist das Thema der außenpolitischen Wende und der Führungsrolle Deutschlands zum zentralen Thema des öffentlichen Diskurses geworden. Dessen Initiatoren versprechen sich davon die Lösung eines Dilemmas, das sie immer wieder beklagten: die Kluft zwischen Elitendiskurs, der schon lange das Bekenntnis zu einer ›realistischen Machtpolitik‹ (unter Einschluss der notwendigen militärischen Maßnahmen) fordert, und der Ablehnung einer solchen Politik bei der Mehrheit des Volkes.«[232]

Mobilisiert werden sollte die Bevölkerung vor allem über eine regelrechte Dämonisierung Russlands beziehungsweise Wladimir Putins. Die Verteufelung Russlands erreichte ihren Höhepunkt im Juli 2014 unmittelbar nach Abschuss der Zivilmaschine MH-17 über der Ostukraine. Zwar wurde der Ton seither ein klein wenig zurückgefahren, die überaus tendenziöse Berichterstattung der deutschen Medien verbleibt aber auf einem extrem problematischen Niveau.[233]

Bedauerlicherweise scheint die ganze »Verantwortungspropaganda« allmählich zu verfangen – wenn auch lange nicht in dem Ausmaß, die angesichts des Umfangs, mit der sie betrieben wird, zu befürchten wäre. Bei der letzten Umfrage im Oktober 2015 stieg die Befürwortung des »Gauckismus« zwar auf 40 Prozent, er sah sich aber mit 55 Prozent weiterhin einer deutlichen Mehrheit der Bevölkerung gegenüber, die ihn ablehnen.[234] Auch die konkreten Maßnahmen in Osteuropa haben keine mehrheitliche Unterstützung in der deutschen Bevölkerung. So lehnten im Juli 2016 67 Prozent der Befragten die permanente Stationierung von NATO-Truppen in Osteuropa ab.[235] Doch von der Meinung der Bevölkerung ließ sich die Bundesregierung nicht abhalten, den »Münchner Konsens« in die Praxis umzusetzen.

Parallel zur Formulierung des »Münchner Konsenses« wurde eine sorgfältig orchestrierte Rüstungsoffensive auf den Weg gebracht. Nachdem seit Jahrzehnten praktisch kein Bundeswehr-Beschaffungsprojekt ohne drastische Verzögerungen und teils regelrecht absurde Preiserhöhungen über die Ziellinie kam, zog Verteidigungsministerin Ursula von der Leyen im Februar 2014 öffentlichkeitswirksam die Notbremse. Als Hauptverantwortliche für die Misere identifizierte sie den Staatssekretär für Ausrüstung, Stéphane Beemelmans, der von seinen Aufgaben entbunden – sprich: gefeuert – wurde, und seinen Abteilungsleiter, Detlef Selhausen, den man kurzerhand versetzte. Im selben Atemzug kündigte von der Leyen auch eine externe Überprüfung der Bundeswehr-Großprojekte an, die am 6. Oktober 2014 veröffentlicht wurde. Das vernichtende Fazit formulierte die neue Staatssekretärin für Ausrüstung, Informationstechnik und Nutzung, Katrin Suder, folgendermaßen: »Waffensysteme kommen um Jahre zu spät, Milliarden teurer als geplant – und dann funktionieren sie oft nicht richtig oder haben Mängel.«[236]

Unmittelbar nach Veröffentlichung des Rüstungsprojekte-Gutachtens setzte in der Presse ein, was man als »Schrotthaufen-Debatte« bezeichnen könnte: »So Schrott ist die Bundeswehr« (*Bild*), die Truppe sei nichts anderes als »stahlgewordener Pazifismus« (*Die Zeit*) und das ganze Problem existiere vor allem, da die Bundeswehr seit Jahren »Chronisch unterfinanziert« (*Deutschlandfunk*) sei. Damit war vor allem eins erreicht: Ein gewisser Nährboden war geschaffen, um die Akzeptanz in der ansonsten gegenüber höheren Rüstungsausgaben eher kritischen Bevölkerung zu vergrößern.

Und tatsächlich gelang es in der Folge, eine beispiellose Erhöhung des Rüstungshaushalts durchzudrücken – wobei betont werden muss, dass das Gejammer, der deutsche Rüstungshaushalt sei einem Kahlschlag ausgesetzt gewesen, schon zuvor jeglicher Grundlage entbehrte. Fakt ist: Der Militärhaushalt stieg von (umgerechnet) 23,18 Mrd. Euro im Jahr 2000 deutlich auf etwa 32,5 Mrd. im Jahr 2014 an. Damit lag der Haushalt zudem drastisch über dem – eigentlich verbindlich – vereinbarten Sparziel vom Juni 2010. Damals war festgelegt worden, dass alle Ressorts bis 2014 zusammen 81,6 Mrd. Euro einsparen müssen und die Bundeswehr dazu 8,3 Mrd. Euro beitragen hätte sollen. Gemäß dem daran angelehnten damaligen Bundeswehrplan sollte hierfür der Rüstungshaushalt bis 2014 auf 27,6 Mrd. Euro reduziert werden. Ganz offensichtlich wurde dieser Beschluss in der Folge dann stillschweigend kassiert. Im Frühjahr 2015 legte Finanzminister Wolfgang Schäuble mit dem »Eckwerte-Papier« noch einmal nach, in dem der Haushalt 2016 auf 34,3 Mrd. Euro anwuchs. Als Begründung für die Erhöhung führte das Eckwerte-Papier unter anderem den Konflikt mit Russland an, erforderlich sei deshalb »die Bereitstellung zusätzlicher Mittel für ein höheres NATO-Engagement und zur Stärkung des verteidigungsinvestiven Bereichs«[237]. Und als ob das nicht genug wäre, wurde bei der mittelfristigen Finanzplanung bis 2020, die am 23. März 2016 beschlossen wurde, noch einmal ordentlich aufgestockt. Demzufolge soll der Haushalt 2017 auf 36,6 Mrd. Euro ansteigen; 2018 sollen es 36,9 Mrd. sein; 2019 dann 37,92; und schließlich 2020 satte 39,2 Mrd. Euro.

Der Löwenanteil dieses Geldes soll in die Beschaffung neuer Rüstungsgüter gesteckt werden, wie spätestens nach der Ankündigung von der Leyens im Januar 2016 klar wurde, bis 2030 satte 130 Mrd. Euro in die Neuanschaffung von Kriegsgerät pumpen zu wollen – 50 Mrd. mehr, als bis zu diesem Zeitpunkt vorgesehen waren. Die Liste an Neuanschaffungen ist überaus lang, neben den »Big-3«, dem »Taktischen Luftverteidigungssystem« (TLV), dem »Mehrzweckkampfschiff« (TKS) sowie dem »Medium Altitude Long Endurance Unmanned Aerial System« (»Male-Drohne«) umfasst sie noch eine Reihe weiterer Anschaffungsvorhaben: »Beschaffen will das Verteidigungsministerium demnach zusätzliche Fahrzeuge, Schiffe und Flieger für die verschiedensten Zwecke. So soll der Bestand an Fennek-Spähpanzern um 30 auf dann 248 steigen. Statt 89 soll es 101 Panzerhaubitzen geben. Außerdem sollen sechs Marine-Helikopter zusätzlich angeschafft werden und 40 schwere Transporthubschrauber als Ersatz für die alten CH53-Maschinen. Für einen internationalen Hubschrauberverbund kommen nochmal 22 NH90-Helikopter dazu. Schon vor neun Monaten verkündete die Ministerin den Rückkauf von 100 ausgemusterten Leopard2-Kampfpanzern, die eigentlich schon zur Verwertung an die Industrie abgegeben waren. Ihre Gesamtzahl soll demnach von maximal 225 auf 320 steigen. Ebenfalls bereits verkündet ist der Kauf von zusätzlich 130 Radpanzern Typ Boxer. Mit ihnen würde die Zahl der Fahrzeuge in dieser Klasse auf 1.300 steigen. Überlegt wird außerdem, fast 200 der bereits ziemlich betagten Schützenpanzer Marder, die eigentlich vom Nachfolger Puma abgelöst werden sollten, weiter in der Truppe zu nutzen.«[238]

Nicht einmal mit den ohnehin bereits beschlossenen saftigen Erhöhungen des Rüstungsetats wird dies alles zu bezahlen sein. Vor diesem Hintergrund gewinnt das auf dem NATO-Gipfel im Juli 2016 erneuerte deutsche Bekenntnis zum Ziel, 2 Prozent des Bruttoinlandsprodukts für den Militärhaushalt auszugeben, eine zusätzliche Bedeutung – in Zahlen würde dies einen Umfang von deutlich über 60 Mrd. Euro bedeuten!

DEUTSCHLAND UND DIE USA: PACK SCHLÄGT SICH ...

Wenn aus zwei sich feindselig gegenüberstehenden Lagern derselbe Schlüsselstaat für die weitere Entwicklung identifiziert wird, lässt das aufhorchen. So bezeichnete einerseits George Friedman, der bereits mehrfach zitierte Chef des privaten Nachrichtendienstes *Stratfor*, Deutschland als die »wirklich unbekannte Variable« dafür, wie die westlich-russischen Beziehungen in Zukunft aussehen werden.[239] Auf der anderen Seite wird – wenn auch sicher mit gänzlich anderen Hintergedanken – auch im Staatssender *Russia Today* argumentiert, Deutschland stehe vor grundlegenden Richtungsentscheidungen, wobei aber aufgrund der Notwendigkeit, sich neue Absatzmärkte zu erschließen, die Bildung einer »Achse Berlin-Moskau-Peking« auf lange Sicht »unabwendbar sein wird«.[240]

Diesbezügliche Avancen seitens Russlands sind nicht neu, erinnert sei etwa an den bereits erwähnten Auftritt Wladimir Putins vor dem deutschen Bundestag im September 2001. Eine solche Entwicklung würde aus Sicht der USA – nicht erst seit kurzem – einem Horrorszenario gleichkommen, wie erneut George Friedman beschreibt: »Das Hauptinteresse der US-Außenpolitik während des letzten Jahrhunderts, im Ersten und Zweiten Weltkrieg und im Kalten Krieg, richtete sich auf die Beziehungen zwischen Deutschland und Russland. Denn vereint sind sie die einzige Macht, die uns bedrohen kann. Unser Hauptinteresse war, sicherzustellen, dass dieser Fall nicht eintritt. […] Für die Vereinigten Staaten ist das Hauptziel, dass […] deutsches Kapital und deutsche Technologien, und die russischen Rohstoffressourcen und die russische Arbeitskraft sich nicht zu einer einzigartigen Kombination verbinden, die die USA seit einem Jahrhundert zu verhindern versuchen.«[241]

Vor diesem Hintergrund werden die immer wieder auftretenden Spannungen zwischen den USA und Deutschland teils als untrügliches Zeichen gewertet, dass sich Deutschland – zumindest mittelfristig, wie etwa in oben zitiertem *Russia-Today*-Artikel prognostiziert – von den USA abwenden werde. Dies würde allein schon das große Handelspotential mit Ländern wie Russland und China, aber auch anderen Schwellenländern nahelegen, weshalb auch von Menschen, die sich der Friedensbewegung zurechnen, teils argumentiert wird, das Festhalten am Bündnis mit den USA sei ein klarer Beweis dafür, dass sich die deutschen politischen Eliten wider die eigenen Interessen von den USA wie ein Ochse am Nasenring durchs internationale Parkett ziehen ließen. Solche Überlegungen reichen dann bis hin zu Aussagen, Deutschland sei faktisch nicht souverän, sondern ein Vasall der USA.

Hierbei werden vor allem zwei Aspekte geflissentlich ignoriert: Einmal kommt es durchaus immer wieder zu Konflikten zwischen Deutschland und den USA, allerdings ist es inzwischen keineswegs mehr ausgemacht, dass diese zugunsten Washingtons ausgehen. So waren die Streitereien unmittelbar vor und nach dem Putsch in der Ukraine überaus heftig, doch es war Deutschland, dem es gelang, seine Vertreter (Klitschko/Poroschenko) gegenüber denen der USA (Timoschenko/Jazenjuk) an den entscheidenderen Stellen zu platzieren. Auch Anfang 2015 setzte sich Deutschland durch, das sich gegen die massive US-Forderung aussprach, nun müssten schwere Waffen an die Ukraine geliefert werden, was einer weiteren Eskalationsstufe gleichgekommen wäre. Zwar lässt sich dieses deutsche Verhalten leicht mit dem gegenüber den USA ungleich höheren Handelsvolumen mit Russland erklären, solche Episoden untermauern jedoch, dass Berlin keineswegs ein ums andere Mal gegen Washington den Kürzeren zieht. Weshalb die USA natürlich tendenziell häufiger die Oberhand behalten, erklärt allein schon ein Blick auf die machtpolitischen Realitäten, ohne dass damit Deutschland gleich die Souveränität abgesprochen werden müsste.

Auf der anderen Seite dürfen diese Auseinandersetzungen zwischen den USA und Deutschland – so eindeutig sie auch identifizierbar sind – auch nicht überbewertet werden. Man könnte sie als eine Art Interessenskonflikte zweiter Ordnung bezeichnen, die eher taktischer denn strategischer Natur sind. Denn über die grundlegenden – und für die Wahl des Bündnispartners entscheidenden – ordnungspolitischen Fragen, insbesondere ob sich Länder eher an neoliberalen oder an staatskapitalistischen Prämissen orientieren sollen, herrscht auf beiden Seiten des Atlantiks große Einigkeit (siehe auch Kapitel 2.4). Dies ist der entscheidende Kitt der deutsch-amerikanischen Freundschaft, wobei es auch nicht der Realität entspricht, dass Deutschland von den USA mit der neoliberalen Peitsche zur Übernahme einer asozialen Wirtschaftspolitik gezwungen würde. Mit diesem Mythos räumte etwa Hans Kundnani gründlich auf – Deutschland ist nicht Opfer, sondern Antreiber des Neoliberalismus: »Wer die hegemoniale neoliberale Politik in Deutschland und Europa kritisiert, sucht die Verantwortung dafür oft in der angelsächsischen Welt. [...] Auch in der sogenannten Peripherie unterstellen viele linke Kritiker der deutschen Eurokrisenpolitik, Deutschland folge bloß angelsächsischen Modellen, wenn es dem Rest Europas eine neoliberale Politik oktroyiert. Der Podemos-Vorsitzende Pablo Iglesias etwa argumentiert [die EU folge] lediglich dem ›Washington Consensus‹ – also letztlich nicht deutschen, sondern angelsächsischen Präferenzen. Dieses weitverbreitete Narrativ von Deutschland als passivem Empfänger bösartiger angelsächsischer Ideen greift allerdings zu kurz. Tatsächlich geht die deutsche Politik in der Eurozone in mancher Hinsicht viel weiter als der angelsächsische Neoliberalismus.«[242]

Aus diesen übergeordneten Motiven erklärt sich, weshalb die im Ost-Ausschuss der deutschen Wirtschaft versammelten Unternehmen, die am Russlandgeschäft interessiert sind, politisch in Deutschland keinen Fuß auf den Boden brachten. Dies wurde zusätzlich noch dadurch verursacht, dass sanktionsbedingte Rückgänge bei den Exporten nach Russland von den Zuwächsen im USA-Geschäft mehr als kompensiert wurden. »Mit Ukraine-Konflikt und Fracking-Boom zeichnet sich für Deutschland eine Verschiebung der außenwirtschaftlichen Gewichte ab, die – sollte sie anhalten – die Beziehungen zu Russland weiter schwächt und die alten Bindungen an die USA wieder stärkt.«[243] Gingen nach Russland im Jahr 2013 Waren im Wert von 35,8 Mrd. Euro, wurden in die USA im selben Jahr Güter für 89,4 Mrd. Euro (2010 waren es noch 65,5 Mrd.) abgesetzt. Während das Russland-Geschäft bis 2015 auf 21,79 Mrd. Euro einbrach (2014: 29,3 Mrd.), wurde dies durch den rasanten Anstieg der Ausfuhren in die USA, wohin 2015 Waren im Wert von 114 Mrd. Euro (2014: 96 Mrd. Euro) gingen, mehr als kompensiert.[244]

So kann man dabei zuschauen, wie die Kluft zu Russland immer breiter wird, während die »transatlantische Freundschaft« trotz manch kleinerer Meinungsverschiedenheiten bestens gedeiht. Ganz in diesem Sinne fasste der Militärexperte Thomas Wie-

gold seine Eindrücke von der Münchner Sicherheitskonferenz 2015 folgendermaßen zusammen: »Meine
sehr subjektive Wahrnehmung (mit der ich offensichtlich bei Weitem nicht alleine stehe) nach drei Tagen Sicherheitskonferenz: Die Konfrontation West gegen Ost (oder umgekehrt) ist nicht nur wieder da, sie
wird so bald nicht verschwinden. Und die Meinungsverschiedenheiten, die zwischen den USA und einem
Teil ihrer europäischen Verbündeten auftraten, wenn
es zum Beispiel um Waffenlieferungen an die Ukraine
geht, sind ein Streit um den richtigen Weg – aber noch
keine grundlegende Spaltung des Westens. Dafür
wird der Graben zwischen Europa und den USA einerseits und Russland andererseits immer tiefer.«[245]

FÜHRUNGSMACHT DEUTSCHLAND

Es war schon auffällig, wie seit einiger Zeit ein pro-
minenter ausländischer Politiker nach dem anderen
regelrecht um eine deutsche Führungsrolle in der
NATO bettelte. Selbst aus den USA wurde in Form
von Botschafter John B. Emerson im Februar 2016 verkündet: »Wir begrüßen die Führungsrolle Deutschlands in der NATO.«[246] Zuletzt meldete sich Litauens
Präsidentin Dalia Grybauskaite in diese Richtung unmittelbar vor dem Warschauer NATO-Gipfel zu Wort:
»Ich denke, für Deutschland ist es an der Zeit, mehr
Vertrauen in sich selbst zu haben und nicht dauernd
zurückzublicken und nach historischen Empfindlich-
keiten zu suchen. […] Es ist eine neue Ära, eine neue
Epoche mit neuen Aufgaben für Europa, sich selbst

zu verteidigen. [...] Deutschland bleibt kaum eine andere Wahl, als eine Führungsrolle einzunehmen.«[247]

Derart aufgefordert, kam die Bundesregierung dem nur allzu gern nach: »Die neuen Akzentsetzungen sind in doppelter Hinsicht bemerkenswert: Zum einen wird nunmehr auch regierungsamtlich ein europäischer Führungsanspruch für Deutschland formuliert, der noch vor wenigen Jahren als anmaßend empfunden worden wäre; zum anderen liegt dieser Führungsanspruch Schaltjahre von jenen Charakterisierungen deutscher Außenpolitik entfernt, die in den 1980er und 1990er Jahren den Deutschen ›Machtvergessenheit‹, ›Angst vor der Macht‹ oder einen ›Führungsvermeidungsreflex‹ attestierten.«[248]

Vor diesem Hintergrund zog auch der Leiter der »Bundesakademie für Sicherheitspolitik«, Karl-Heinz Kamp, schon im Oktober 2015 zufrieden eine erste Zwischenbilanz: »Was für eine erstaunliche Entwicklung: Als Anfang 2014 Bundespräsident Gauck, Außenminister Steinmeier und Verteidigungsministerin von der Leyen ein größeres deutsches Engagement in internationalen Krisen und Konflikten versprachen, war die Skepsis groß. [...] Heute reibt man sich erstaunt die Augen: Das vermeintlich ›machtvergessene‹ Deutschland hat sich zum zentralen außenpolitischen Akteur in Europa entwickelt [...] Die Bundeskanzlerin wurde zum Dreh- und Angelpunkt in der Ukraine-Krise und sorgte dafür, dass der Gesprächsfaden zu Moskau nicht abriss. Deutsche Streitkräfte leisten ihren Beitrag zur Verbesserung der Verteidigungs- und Abschreckungsfähigkeit der Nato, die nach dem Neo-Imperialen Schwenk des Kreml unabdingbar geworden war. [...] Waffen werden an die Peschmerga geliefert, um wenigstens zu versuchen, das Ausbreiten islamistischer Gewalt zu verhindern. [...] Die Bundeswehr zeigt heute ein Charakteristikum, das man vor einer Dekade noch gar nicht auszusprechen wagte – sie ist kampferprobt oder wie es Englisch dramatischer heißt: combat hardened. [...] Von der Militarisierung der Gesellschaft schwadroniert heute nur noch der politische Rand. Stattdessen wächst die Einsicht, dass die Bundeswehr ein Instrument verantwortlicher Außen- und Sicherheitspolitik ist. Sie kann dazu beitragen, Krisen zu mildern und Konflikte zu lösen.«[249]

Auch wenn die Bevölkerung, wie beschrieben, anders als Kamp suggeriert, dem mehrheitlich durchaus skeptisch gegenübersteht, hat sich die Bundesregierung mittlerweile voll und ganz hinter die jüngste NATO-Offensive geworfen. Dazu gehört auch, dass Kanzlerin Angela Merkel in ihrer Regierungserklärung unmittelbar vor dem NATO-Gipfel in Warschau eine flammende Liebeserklärung an die 360-Grad-NATO abgab: »Im Osten hat Russlands Agieren in der Ukraine-Krise unsere östlichen Alliierten zutiefst verstört. [...] Aber auch südlich des Bündnisgebietes müssen wir eine dramatische Verschlechterung der Sicherheitslage feststellen. [Der Readiness Action Plan] wird die Allianz schneller, reaktionsfähiger und einsatzbereiter machen, und zwar für Herausforderungen in jeder Richtung und jeder Art, das heißt in einem sogenannten 360-Grad-Ansatz.«[250]

Wie beschrieben, spielte Deutschland schon beim Aufbau der Ultraschnellen Eingreiftruppe und des

Multinationalen Korps in Stettin eine Schlüsselrolle. Doch mit den Beschlüssen des Warschauer Gipfels im Juli 2016 nimmt die deutsche Beteiligung an der Aufrüstung der NATO-Ostflanke noch einmal eine ganz neue Dimension an. So wird Deutschland mit 500 Soldaten die Führung des permanent in Litauen stationierten NATO-Bataillons übernehmen. Damit werden Bundeswehrsoldaten künftig im Neuen Kalten Krieg auf Tuchfühlung mit Russland gehen.

Die *FAZ* feierte die Rolle der Bundesregierung auf dem Warschauer Gipfel mit dem schockierenden Titel »Deutschlands militärisches Erwachen« – offensichtlich hatte kurz nach Veröffentlichung dann doch jemand bemerkt, wie tief man sich hier im Ton vergriffen hatte, und die Überschrift geändert. Doch der problematische Inhalt blieb derselbe: »Deutschland präsentiert sich auf dem Nato-Gipfel in Warschau mit neuem Selbstverständnis. Vergessen sind Jahrzehnte der politischen und militärischen Zurückhaltung. Jetzt geht es Berlin um die aktive Mitgestaltung der globalen Ordnung. [...] Die neuen Bedrohungen durch die russische Aggressionspolitik im Osten und durch den islamistischen Terror im Süden des Nato-Bündnisgebietes haben die Bundesregierung veranlasst, die Kultur politischer und militärischer Zurückhaltung aufzugeben, die über Jahrzehnte ein eingeübtes Verhaltensgebot der deutschen politischen Führung war.«[251]

8. EU-Rüstungsoffensive und Transatlantischer Schulterschluss

Betrachtet man die Kernelemente des zuvor beschriebenen »Transatlantischen New Deals«, so wird schnell ersichtlich, dass sich die EU lange überaus schwer tat, den US-Erwartungen gerecht zu werden. In jüngster Zeit wurde aber nicht nur in Deutschland, sondern möglicherweise europaweit eine Trendwende eingeleitet. Dies betrifft zunächst einmal – maßgeblich auch mit Blick auf die Eskalation mit Russland begründete – Steigerungen der Rüstungsausgaben. Vor allem aber scheinen sich die Aussichten, mit dem Ausbau des EU-Militärapparats substantiell voranzukommen, mit dem Referendum zum britischen EU-Austritt deutlich »verbessert« zu haben. Schließlich war es Großbritannien, das bislang wesentliche »Fortschritte« blockierte. Aus diesem Grund wurde schon unmittelbar nach dem Brexit-Votum eine Reihe von Vorschlägen präsentiert, die dann am 16. September 2016 in die sogenannte »Bratislava-Agenda« mündeten.

Der transatlantische Annäherungskurs zeigte sich auch beim NATO-Gipfel in Warschau, auf dem eine Erklärung zum Ausbau der NATO-EU-Beziehungen verabschiedet wurde. So wird die Blockbildung im militärischen Bereich von der NATO vorangetrieben, während das entsprechende Gegenstück in wirtschaftlicher Hinsicht das »Transatlantische Freihandels- und Partnerschaftsabkommen« ist. Im Kern geht es auch hier darum, den neoliberalen Westen »bestmöglichst« gegen seine staatskapitalistischen Herausforderer zu positionieren. Die zentrale geopolitische Funktion von TTIP im Kontext des »Neuen Kalten Krieges« wird zum Beispiel in einem Papier aus dem Umkreis der konservativen EVP-Fraktion im Europäischen Parlament deutlich zum Ausdruck gebracht: »Die Konfrontation mit einem neuen aggressiven Russland ist ein ernsthafter Test. Die Europäische Union muss die Idee einer Modernisierungspartnerschaft mit Russland so lange beerdigen, wie sich Putin an der Macht befindet [...], und lernen, die Realität substantieller Konflikte mit Russland zu akzeptieren. [...] Die EU als Organisation muss wirtschaftlich stärker werden, ihre Entscheidungsstrukturen straffen und ihre Sicherheits- und Verteidigungspolitik verbessern, während gleichzeitig die Verbindungen zur NATO intensiviert werden. [...] Die transatlantischen Beziehungen bleiben das Fundament der globalen liberalen Ordnung. [...] Das schließt eine deutlich stärkere Entschlossenheit auf beiden Seiten ein, das Transatlantische Freihandels- und Partnerschaftsabkommen zu einem Erfolg zu machen.«[252]

Zwar stehen dem EU-Militarisierungsprojekt noch einige Hürden im Weg, allerdings erscheinen diese leider alles andere als unüberwindlich. Umso wichtiger wird es sein, die erfolgreichen Anti-TTIP-Proteste um einen wenigstens in Ansätzen ähnlich breit angelegten Widerstand gegen EUropas militärische Mobilmachung im »Neuen Kalten Krieg« zu ergänzen.

Laut dem Stockholmer Friedensforschungsinstitut SIPRI beliefen sich die Militärhaushalte der beiden größten Rivalen des Westens im Jahr 2015 auf 215 Mrd. Dollar (China) respektive auf 66,4 Mrd. Dollar (Russland).[253] Obwohl es sich hier im Vergleich zu den 892,1 Mrd. Dollar, die nach Eigenangaben im selben Jahr auf die NATO-Staaten entfielen, um vergleichsweise moderate Beträge handelt, werden immer lautstärker drastische Erhöhungen der westlichen Budgets verlangt. Insbesondere die USA pochen vehement darauf, dass sich die Kluft zwischen den EU-Militärausgaben, nach Schätzungen der EU-Rüstungsagentur 225 Mrd. Dollar im Jahr 2015, und den 656,4 Mrd. Dollar der USA schließt.

Da Washington recht unmissverständlich kommuniziert, davon hänge die künftige »Vitalität« der NATO wie auch ihr eigenes Engagement bei Militäreinsätzen, die eher europäischen Interessen dienen, ab, stoßen diese Forderungen – im Prinzip – in den EU-Staaten auch auf offene Ohren. Bereits auf dem Wales-Gipfel im September 2014 verständigten sich die Staats- und Regierungschefs – allerdings nicht rechtlich bindend – darauf, 2 Prozent des BIP für Militärausgaben aufzuwenden, was allerdings grob gerechnet eine Erhöhung der NATO-Militärausgaben um satte 100 Mrd. Dollar erfordern würde. Davon ist die Allianz zwar noch ein gutes Stück entfernt, dennoch jubelt sie in ihrer Abschlusserklärung des Warschau-Gipfels im Juli 2016, angesichts der Erhöhung auf geschätzte 918,3 Mrd. Dollar Gesamtausgaben im

Jahr 2016 sei die »Kehrtwende« bei den Rüstungsausgaben geschafft: »In den letzten zwei Jahren hat die Mehrheit der Verbündeten die Absenkungen ihrer realen Verteidigungsausgaben gestoppt oder rückgängig gemacht.« (Absatz 34)

Neben den Erhöhungen der nationalen Haushalte wurde in jüngster Zeit auch auf EU-Ebene ein »Durchbruch« erzielt. Geschuldet ist dies einer radikalen Neuinterpretation des Finanzierungsvorbehalts in Artikel 41, Absatz 2 des EU-Vertrags, in dem es heißt: »Die operativen Ausgaben im Zusammenhang mit der Durchführung dieses Kapitels gehen ebenfalls zulasten des Haushalts der Union, mit Ausnahme der Ausgaben aufgrund von Maßnahmen mit militärischen oder verteidigungspolitischen Bezügen und von Fällen, in denen der Rat einstimmig etwas anderes beschließt.« Lange wurde dieser Passus mehrheitlich derart ausgelegt, dass auf dieser Grundlage keinerlei militärrelevante Ausgaben aus dem EU-Haushalt bestritten werden dürfen. Inzwischen scheint sich aber bedenklicherweise die Interpretation durchzusetzen, der Passus beziehe sich lediglich auf Militäreinsätze, Rüstungsforschung oder Rüstungsbeschaffung etwa seien deshalb durchaus mit EU-Geldern finanzierbar. Die Relevanz dieser »Umdeutung« liegt auf der Hand, ließen sich auf diesem Wege doch relativ bequem Milliardenbeträge lockermachen, ohne dass dies auf allzu großen Widerstand stoßen dürfte (siehe auch Kapitel 8.3).

EUropas Globalstrategie: Autonome Kriegsführung mit US-Plazet

Ende Juni 2016, nur kurz nach dem britischen Referendum, verabschiedete die EU eine neue Globalstrategie (EUGS), mit der die Europäische Sicherheitsstrategie (ESS) vom Dezember 2003 ersetzt wurde. Bei einem Blick in die beiden Dokumente hat man fast den Eindruck, als seien sie in zwei verschiedenen Welten entstanden – und bis zu einem gewissen Grad ist das ja auch der Fall. In der ESS hieß es noch: »Nie zuvor ist Europa so wohlhabend, so sicher und so frei gewesen. Die Gewalt der ersten Hälfte des 20. Jahrhunderts ist einer in der europäischen Geschichte beispiellosen Periode des Friedens und der Stabilität gewichen.«[254] Demgegenüber schlägt die EUGS deutlich pessimistischere Töne an: »Wir erleben gegenwärtig eine existenzielle Krise, innerhalb und außerhalb der Europäischen Union. Unsere Union ist bedroht. Unser europäisches Projekt, das uns in beispielloser Weise Frieden, Wohlstand und Demokratie gebracht hat, ist in Frage gestellt.«[255]

An keiner Stelle des Dokuments wird sich jedoch mit der Frage befasst, ob nicht die eigene Politik dazu beigetragen hat, dass sich die EU in einer derart misslichen Lage befindet. Von Russland wird verlangt, allen westlichen Forderungen ohne Einschränkung nachzugeben, sonst würden die Sanktionen nicht aufgehoben, womit der Dauerkonflikt vorprogrammiert ist. Die Kernidee, was mit den Nachbarländern angestellt werden soll, besteht weiter darin, mit ihnen ein »Assoziierungsabkommen einschließlich vertiefter und umfassender Freihandelszonen umzusetzen« (S. 25). Und schließlich wird ein überaus ambitioniertes militärisches Anforderungsprofil definiert, nämlich »das gesamte Spektrum an land-, luft-, weltraum- und seeseitigen Fähigkeiten, einschließlich der strategischen Grundvoraussetzungen« (S. 45).

Wohlgemerkt, dies erfolgt explizit nicht im Gedanken, den USA Konkurrenz zu machen, sondern in der Überlegung, sie bei der Aufrechterhaltung der Weltordnung unterstützen zu müssen. So heißt es in einer EUGS-Analyse der Abteilung Externe Politik des EU-Rates: »[Die EUGS] könnte sich als Wendepunkt im europäischen außen- und sicherheitspolitischen Denken erweisen. Sie betont zusätzlich zur weichen Macht den Wert harter Macht – einschließlich einer starken Partnerschaft mit der NATO. [...] Einige Mitgliedsstaaten haben befürchtet, dass eine stärkere, autonomere EU die NATO schädigen würde [...]. Diese Befürchtungen wurden adressiert, nachdem die NATO eine große Rolle in der EUGS spielt. Die Strategie entdeckt keine zwingenden Konflikte zwischen den Interessen der EU und der NATO.« [256]

Nun lässt sich zu Recht argumentieren, dass es ambitionierte EU-Militarisierungsentwürfe auch in der Vergangenheit schon gab. Allerdings haben sich mit dem anstehenden Brexit nun die Rahmenbedingungen entscheidend verändert.

Zähe Entscheidungswege und die Fähigkeit einzelner Länder, durch das Konsensprinzip Initiativen zu blockieren, gelten als wesentliche Gründe für den durchwachsenen »Erfolg« der EU-Militarisierungsbemühungen. Ein weiteres Problem wird neben den generell für zu knapp erachteten Ressourcen auch in der Effizienz der verwendeten Mittel gesehen: »Derzeit umfassen die Verteidigungshaushalte der EU immerhin fast 200 Milliarden Euro – die Fähigkeiten der EU-Streitkräfte entsprechen aber nur 10 bis 15 Prozent der Leistungsfähigkeit des amerikanischen Militärs.«[257]

Hier hoffte man, über die Neuerungen des Lissabon-Vertrags Abhilfe schaffen zu können. Vor allem von der »Ständigen Strukturierten Zusammenarbeit« (SSZ) versprach man sich »effizientere« Entscheidungsstrukturen, eröffnet sie doch im Prinzip die Möglichkeit, wesentliche Teile der EU-Militärpolitik an Exklusivgruppen auszulagern und hierüber das Konsensprinzip auszuhebeln. Allerdings war es lange Großbritannien, das die Aktivierung der SSZ wie auch zahlreiche weitere Vorhaben in diesem Bereich vorwiegend aus Sorge um die Eigenständigkeit seiner Militärpolitik torpedierte. Dies erklärt auch, weshalb so mancher Militarisierungsbefürworter seine Freude über den anstehenden britischen EU-Austritt kaum verbergen kann. Der Vorsitzende des Auswärtigen Ausschusses des Europaparlaments, Elmar Brok, zum Beispiel scheint den Briten keine Träne nachzuweinen: »Der Brexit hat auch gute Seiten.« Und was das für Seiten sein sollen, erklärt Brok gleich mit: »Jahrelang haben uns die Briten aufgehalten. Jetzt geht es endlich voran.«[258]

Nach dem britischen Referendum ging es jedenfalls Schlag auf Schlag: Bereits wenige Tage später veröffentlichten die Außenminister Deutschlands und Frankreichs, Frank-Walter Steinmeier und Jean-Marc Ayrault, am 27. Juni 2016 das offensichtlich lange vorher erarbeitete Papier »Ein starkes Europa in einer unsicheren Welt«. In ihm wurde nicht nur die Umsetzung seit Jahren in der Pipeline befindlicher Militärprojekte, sondern auch eine diesbezügliche deutsch-französische Führungsrolle gefordert: »In einem stärker von divergierenden Machtinteressen geprägten internationalen Umfeld sollten Deutschland und Frankreich gemeinsam dafür eintreten, die EU Schritt für Schritt zu einem unabhängigen und globalen Akteur zu entwickeln.«[259]

Nach der Sommerpause war es dann zuerst die Außenbeauftragte Federica Mogherini, die am 8. September 2016 einen Forderungskatalog vorlegte, der unter anderem die Aufstellung eines EU-Hauptquartiers enthielt. Nur wenige Tage später, am 12. September 2016, legten dann die Verteidigungsminister Ursula von der Leyen und Jean-Yves Le Drian mit dem Papier »Erneuerung der GSVP« nach. Auch darin fand sich die Forderung, den Brexit nun für den großen Militarisierungssprung nach vorn zu nutzen: »Unter der Prämisse der Entscheidung des Vereinten Königreichs, die Europäische Union zu verlassen, ist es nun unser Ziel, zu 27 weiter voranzuschreiten.«[260]

Am 14. September 2016 griff dann EU-Kommissionschef Jean-Claude Juncker in seiner Rede zur Lage der Union den Großteil der bereits kursierenden Vorschläge noch einmal auf und fügte zu allem Überfluss auch noch eigene hinzu. Unangenehm aufgefallen ist dabei neben der Forderung nach einer nochmaligen Verschärfung der Abschottungspolitik gegenüber Flüchtlingen vor allem auch der militaristische Ton, den der Kommissionspräsident insgesamt anschlug: »Mit zunehmenden Gefahren um uns herum reicht Soft Power allein nicht mehr aus. [...] Europa muss mehr Härte zeigen. Dies gilt vor allem in unserer Verteidigungspolitik. Europa kann es sich nicht mehr leisten, militärisch im Windschatten anderer Mächte zu segeln oder Frankreich in Mali allein zu lassen. Wir müssen die Verantwortung dafür übernehmen, unsere Interessen und die europäische Art zu leben zu verteidigen.«[261]

Konkret forderte Juncker unter anderem:

1. *Eine profiliertere EU-Rolle in Krisengebieten*

   Juncker will, dass die EU als Akteurin – und nicht »nur«, wenn überhaupt, ihre Einzelstaaten – eine führende Rolle bei der Kontrolle heutiger Konflikte spielen soll. Die Schaffung des symbolträchtigen und deshalb lange hochumstrittenen Postens eines EU-Außenministers dient dabei dazu, diesen Anspruch zusätzlich zu untermauern: »Federica Mogherini, unsere Hohe Vertreterin und meine Vizepräsidentin, leistet hervorragende Arbeit. Aber sie muss unsere Europäische Außenministerin werden, mit deren Hilfe alle diplomatischen Dienste – von kleinen wie großen Ländern gleichermaßen – ihre Kräfte bündeln, um in internationalen Verhandlungen mehr Einfluss zu erlangen. Deswegen fordere ich heute eine Europäische Strategie für Syrien. Federica gehört mit an den Verhandlungstisch, wenn über die Zukunft Syriens geredet wird.«

2. *Ein EU-Hauptquartier für mehr Militäreinsätze*
Obwohl seit 2004 verfügbar, wurden die EU-Kampftruppen (Battlegroups) bislang noch nie eingesetzt. Dies lag einmal am Widerstand Großbritanniens, wird aber auch auf unzulängliche Planungskapazitäten zurückgeführt, was nun behoben werden soll: »In den letzten zehn Jahren haben wir uns in über 30 zivilen und militärischen EU-Missionen von Afrika bis Afghanistan engagiert. Doch ohne dauerhafte Struktur können wir nicht wirksam agieren. Dringende Operationen verzögern sich. Es ist an der Zeit, dass wir für diese Operationen ein gemeinsames Hauptquartier einrichten.«

3. *EU-eigene militärische Fähigkeiten*
Bei nahezu allem, was im Militärbereich auf EU-Ebene geschieht, wird auf rein nationalstaatliche Fähigkeiten zurückgegriffen. Eine Bündelung von Fähigkeiten unter EU-Kontrolle wurde von Großbritannien stets als zu großen Schritt in Richtung einer EU-Armee abgelehnt. Juncker teilt diese Aversion augenscheinlich nicht: »Außerdem sollten wir uns auf gemeinsame militärische Mittel hinbewegen, die in einigen Fällen auch der EU gehören sollten.«

4. *Ein militärisches Kerneuropa*
Auch Juncker drängt darauf, endlich von der be-

reits erwähnten »Ständigen Strukturierten Zusammenarbeit« (SSZ) Gebrauch zu machen, die unter anderem die Aushebelung des Konsensprinzips ermöglicht: »Der Vertrag von Lissabon gibt den Mitgliedstaaten die Möglichkeit, ihre Verteidigungsfähigkeiten in Form einer ständigen strukturierten Zusammenarbeit zu bündeln, so sie dies wollen. Ich denke, jetzt ist der richtige Zeitpunkt, diese Möglichkeit zu nutzen.«

5. *EU-Rüstungsgelder*

Als »Meilenstein« (*Handelsblatt*) für den Einstieg in die Rüstungsfinanzierung aus dem EU-Haushalt wurde die Einrichtung einer ab 2017 startenden vorbereitenden Maßnahme zur EU-Rüstungsforschung gefeiert. Sie soll der Aufstellung eines stehenden EU-Rüstungsforschungshaushalts ab 2021 den Weg ebnen – so war zumindest bislang der Plan. In seiner Rede zur Lage der Europäischen Union kündigte Kommissionspräsident Juncker aber an, diesen Plan deutlich vorziehen und womöglich sogar ausweiten zu wollen: »Eine starke europäische Verteidigung braucht eine innovative europäische Rüstungsindustrie. Deshalb werden wir noch vor Jahresende einen Europäischen Verteidigungsfonds vorschlagen, der unserer Forschung und Innovation einen kräftigen Schub verleiht.«

Schließlich verständigten sich die Staats- und Regierungschefs beim informellen Treffen in der Slowakei mit der »Bratislava-Agenda« darauf, diese Vorschläge zu konkretisieren und einen Umsetzungsfahrplan zu erarbeiten. Sollte dies gelingen, wäre die wesentliche Bedingung für die Umsetzung des »Transatlantischen New Deals« erfüllt. Von den USA wird diese Entwicklung jedenfalls explizit begrüßt. So hieß es in der Erklärung des Warschauer NATO-Gipfels vom Juli 2016: »Die NATO erkennt die Bedeutung einer stärkeren und fähigeren europäischen Verteidigung an, die zu einer stärkeren NATO führen und die Sicherheit aller Verbündeten fördern wird. [...] In diesem Zusammenhang begrüßen wir die Stärkung der EU-Verteidigungsfähigkeiten und des Krisenmanagements, die wir über die letzten Jahre beobachten konnten.« (Absatz 124) Dementsprechend wurde dort auch ein Papier zur Intensivierung der NATO-EU-Zusammenarbeit in zahlreichen Militärbereichen verabschiedet: »Wir sind der Meinung, dass die Zeit gekommen ist, der Strategischen Partnerschaft zwischen NATO und EU neue Impulse und Substanz zu geben.«[262]

Mit dem größeren Beitrag der EU könnte die NATO gestärkt in den »Neuen Kalten Krieg« ziehen, was umso problematischer ist, weil dieser militärischen Blockbildung die wirtschaftliche auf dem Fuße folgen soll.

WIRTSCHAFTS-NATO:
DIE GEOPOLITISCHE DIMENSION VON TTIP

Nicht umsonst bezeichnete Hillary Clinton das Transatlantische Handels- und Investitionsabkommen (TTIP) als »Wirtschafts-NATO«. So kommt eine Untersuchung zu den geopolitischen Auswirkungen und Zielsetzungen des Abkommens zu dem Ergebnis, es gehe ganz allgemein um »die Neuformierung und Stärkung des westlichen Machtblocks gegen Rivalen wie China oder Russland« und ganz besonders darum, »neoliberale globale Standards zu setzen und zu stärken, um so das eigene Ordnungsmodell gegenüber dem angeblich grassierenden ›Staatskapitalismus‹ besser in Stellung zu bringen«.[263]

Wie entscheidend TTIP und die mit ihm verbundene Fähigkeit ist, »die Regeln zu setzen«, bringt der rüstungsnahe Informationsdienst *griephan Briefe* mit beeindruckender Klarheit auf den Punkt: »Wir haben auf diesen Seiten grundsätzlich Position bezogen. Im Telegrammstil: Das Projekt einer gemeinsamen Währung ist mehr als die Möglichkeit, in Amsterdam den Kaffee in gleicher Münze zahlen zu können. Der Euro ist strategischer Partner des Dollar beim amerikanischen Bestreben, den Aufstieg Chinas einzuhegen. Europa ist Partner beim Setzen international verbindlicher Standards in Form von Good governance, anti-corruption, and the rule of law. Darum geht es beim Transatlantischen Handels- und Investitionsabkommen (TTIP): Wer die Standards setzt, schafft Märkte! Und damit sind die Globalisierung und Geoeconomics das eigentliche Narrativ; und dieser Erzählfaden hat ein – nicht unwesentliches – militärisches Kapitel.«[264]

So bedenklich die handelspolitischen Aspekte des Abkommens sind, es ist seine geopolitische Dimension, die es ebenfalls brandgefährlich macht. Peter van Ham vom niederländischen »Clingendael Institute« beschreibt die Funktion von TTIP wie folgt:

»Der wichtigste Grund, warum die Europäische Union und die Vereinigten Staaten sich das ambitionierte Ziel auf die Fahnen geschrieben haben, ein Transatlantisches Freihandels- und Partnerschaftsabkommen (TTIP) anzustreben, ist geopolitischer Natur. Der Aufstieg Chinas (und anderer asiatischer Länder), kombiniert mit dem relativen Abstieg der USA und der wirtschaftlichen Malaise der Eurozone, sind ein Ansporn für den transatlantischen Westen, seine gemeinsame ökonomische und politische Macht zu nutzen, um neue globale Handelsregeln zu schreiben, die seine ökonomischen Prinzipien (regelbasierte Marktwirtschaft) und politischen Werte (liberale Demokratie) reflektieren. TTIP ist ein zentraler Bestandteil in dieser Strategie.«[265]

Hierdurch werden ohnehin vorhandene Blocktendenzen weiter forciert: »Es wäre ein Irrtum anzunehmen, die großen Freihandelsabkommen der USA und der EU würden keine Reaktionen hervorrufen. Sollten TTIP und TPP verwirklicht werden, ist mit Reaktionen vor allem der Schwellenländer zu rechnen. Die BRIC-Staaten werden der Fragmentierung der Welthandelsordnung nicht tatenlos zusehen, sondern eigene Großprojekte initiieren. […] Die Unfähigkeit des Westens, wirtschaftliche und politische Modelle jenseits von Kapitalismus und Demokratie zu verstehen, erweist sich inzwischen als Belastung. Im autoritären Kapitalismus chinesischer oder russischer Prägung ist der westlichen liberalen Demokratie ein neuer Rivale erwachsen. Die heutige handelspolitische Antwort des Westens auf diese neue Konkurrenz heißt Ausschluss und Diskriminierung. Dies ist nicht nur eine unglückliche Entwicklung, sondern auch ein gefährlicher Rückschritt. Denn so wird ein neuer geostrategischer Großkonflikt handelspolitisch flankiert.«[266]

Umsetzungshindernisse

Abschließend bleibt noch die Frage, wie wahrscheinlich die Umsetzung der ambitionierten Agenda ist, die sich die EU vorgenommen hat. Als ein erstes »Problem« könnte sich Großbritannien erweisen, das Mitte September 2016 angekündigt hat, während der gesamten auf zwei Jahre geschätzten Dauer der Austrittsverhandlungen sämtliche Initiativen der »Bratislava-Agenda« blockieren zu wollen. Zu deren Umsetzung gab der britische Verteidigungsminister, Michael Fallon, knapp zu Protokoll: »Das wird nicht passieren!«[267] Es ist allerdings zweifelhaft, ob sich die restlichen EU-Staaten tatsächlich weiter von Großbritannien blockieren lassen werden. Außenamtssprecher Martin Schäfer jedenfalls machte keinen Hehl aus seiner Meinung zu den britischen Ankündigungen: »Aber um das vielleicht noch einmal vonseiten des Auswärtigen Amtes zu sagen: Eine Situation, in der jemand austreten will und entschieden hat auszutreten, aber vor dem Austreten noch einmal die anderen davon abhalten möchte, Dinge zu tun, die die aber tun wollen, ist eine schwer vorstellbare Situation. Ich möchte mir gar nicht vorstellen, dass das wirklich so kommt.«[268] Von den USA ist ebenso wenig zu erwarten, dass sie der Militarisierung der EU Steine in den Weg legen werden – im Gegenteil. Die politische

Großwetterlage und die daraus abgeleiteten »Erfordernisse« dürften egal unter welcher politischen Konstellation großen Druck auf Washington ausüben, den transatlantischen Schulterschluss zu suchen.

Da bleibt abschließend nur noch die Hoffnung auf die Dummheit der Bundesregierung, die sich seit einiger Zeit schon auf dem EU-Parkett wie der sprichwörtliche Elefant im Porzellanladen verhält. Spätestens mit Ausbrechen der Eurokrise hat sich Angela Merkel zur »europäischen Kanzlerin« mitsamt »Richtlinienkompetenz« erklärt, wie es 2011 geradezu triumphierend im führenden deutschen Außenpolitikjournal hieß.[269] Faktisch hat sich Deutschland zur uneingeschränkten EU-Führungsmacht aufgeschwungen und »erfolgreich« damit begonnen, diese Position auch institutionell abzusichern: »Brüssel wird heute stärker von deutschen Interessen und Strategien geprägt denn je. Weitgehend unbemerkt von der Öffentlichkeit hat Deutschland die Schlüsselposten in den EU-Institutionen erobert und Strukturen geprägt, die auch die selbstbewusste Juncker-Kommission binden. Europa spricht heute nicht nur deutsch, wie CDU-General Volker Kauder schon 2011 proklamierte. Es denkt und handelt mittlerweile auch deutsch, nach in Deutschland geprägten Modellen und Regeln. [...] Insgesamt hat es die Bundesregierung verstanden, sich in den EU-Institutionen eine zentrale Rolle zu sichern. Die alte Klage über einen ›pro-französischen Bias‹ in Brüssel hat sich erledigt; die deutsche Personalpolitik hat ganze Arbeit geleistet. Fast alle strategisch wichtigen Positionen werden heute von Deutschen besetzt, was verständlicherweise nicht überall auf Begeisterung stößt. Der britische ›Economist‹ machte sich über die ›teutonische Union‹ lustig und die französische ›Libération‹ warf Merkel vor, im Alleingang das ›Casting‹ zu bestimmen.«[270]

Rückt Berlin von diesem Dominanzanspruch nicht ab und weigert sich weiter, die anderen EU-Länder ins Boot zu holen, indem ihre Interessen in ausreichendem Maße berücksichtigt werden, wird es Deutschland ebenso ergehen wie den USA im Irak-Krieg 2003 – die Gefolgschaft dürfte versagt und Initiativen zur Stärkung des EU-Militärbereichs auch von anderen Ländern als Großbritannien blockiert werden. Doch auch hier gilt dasselbe wie für die USA: Aus der geopolitischen Gemengelage leitet sich aus Sicht der deutschen Eliten der dringende Bedarf ab, die EU als Akteur in die aktuellen Großkonflikte stärker einzubringen. Insofern ist auch hier damit zu rechnen, dass die entsprechenden Anpassungen vorgenommen werden dürften.

Zum Versuch, mittels einer starken und lautstarken Protestbewegung dieser Entwicklung etwas entgegenzusetzen, existiert demzufolge kaum eine Alternative. Der Widerstand gegen TTIP (und CETA) zeigt, dass es nicht unmöglich ist, der neoliberalen Agenda des Westens Steine in den Weg zu legen. Er muss nun um möglichst breite Demonstrationen gegen den »Neuen Kalten Krieg« und die Rolle der NATO ergänzt werden, die auch die zunehmend bedeutende Rolle der Europäischen Union und Deutschlands stärker als bislang berücksichtigen.

9. Der Neue Kalte Krieg als Selbsterfüllende Prophezeiung?

Die Betrachtungen in diesem Buch versuchten der Frage nachzugehen, welche Verantwortung die NATO für den »Neuen Kalten Krieg« mit Russland trägt. Für eine abschließende Einschätzung, wie sich das Verhältnis zwischen den verschiedenen Großmächten künftig entwickeln wird, dürfte sich die Politik der neuen US-Regierung unter Donald Trump, die am 20. Januar 2017 die Amtsgeschäfte aufnahm, als entscheidender X-Faktor erweisen. Diesbezügliche Prognosen müssen zwangsläufig mit einer gewissen Vorsicht genossen werden, nicht ganz zu Unrecht wird deren Politik mal wohlwollend als »dynamisch«, mal kritisch als »unberechenbar« charakterisiert. Doch grobe Linien zeichnen sich bereits wenige Wochen nach Donald Trumps Amtsantritt ab, die damit auch Hinweise auf mögliche künftige Entwicklungen geben.

Zuerst gilt es, sich von – teils auch in der Friedensbewegung gehegten – Wunschvorstellungen zu verabschieden, unter dem neuen US-Präsidenten würde eine deutlich weniger interventionistische Linie verfolgt. Zwar sparte Trump während des Wahlkampfs nicht mit Kritik an der demokratischen Außen- und Militärpolitik, unter anderem an der Nah- und Mittelost-Politik, allerdings ließ er selbst auch wenig Zweifel aufkommen, den »Krieg gegen den Terror«

an der NATO-Südflanke intensivieren zu wollen. Unmittelbar nach Amtsantritt verschärfte er dann auch die Rhetorik gegenüber dem Iran, genehmigte Militärschläge im Jemen und brachte eine Intensivierung des US-Engagements in Syrien ins Spiel. Besonders gegenüber den Plänen in Syrien soll es dabei im US-Militär erheblichen Widerstand gegeben haben.[271] Insofern ist es von besonderer Bedeutung, dass Trump – mutmaßlich als Reaktion auf diese Kritik aus den Reihen des Militärs – per Dekret eine radikale Neubesetzung des *Principals Committee,* des engsten Beraterstabes im Nationalen Sicherheitsrat, anordnete. Dadurch verbannte er die bisher ständigen Mitglieder dieses Gremiums, den Vorsitzenden des Generalstabes und den Direktor der nationalen Geheimdienste, aus diesem Gremium. Ersetzt wurden sie durch Stephen Bannon sowie Reince Priebus. Besonders Bannon, ehemaliger Chef der rechten Internetseite *breitbart.com*, wird erheblicher Einfluss auf die Politik der Trump-Administration attestiert.[272]

Aus einer Analyse seiner Radiobeiträge schließt der *Guardian*, dass Bannon vor allem zwei »Kriegsschauplätze« umtreiben. So zitiert ihn das Blatt aus einer Sendung im November 2015 mit den Worten: »In einigen Fällen könnte die Lage ein wenig ungemütlich werden. Aber, ihr wisst ja, wir befinden uns in einem Krieg. Wir bewegen uns meiner Meinung nach eindeutig in Richtung eines neuerlichen großen Krieges im Mittleren Osten.« Im Februar 2016 soll sich der Trump-Berater zudem folgendermaßen geäußert haben: »Wir haben einen expansionistischen Islam und ein expansionistisches China. Richtig? Sie sind motiviert. Sie sind arrogant. Und sie sind auf dem Vormarsch. Und sie denken, der jüdisch-christliche Westen sei auf dem absteigenden Ast.«[273]

Mit Blick auf China, mit dem die Konflikte, insbesondere im Südchinesischen Meer, seit Jahren zunehmen, äußerte sich Bannon im März 2016: »Innerhalb von fünf bis zehn Jahren werden wir einen Krieg gegen China beginnen. Daran gibt es keinen Zweifel. Sie errichten [im Südchinesischen Meer] Sandbänke und installieren faktisch stationäre Flugzeugträger, auf die Raketen gestellt werden.«[274] Auch Trump selbst sparte bereits im Wahlkampf selten mit Kritik an China, insofern sollten auch die diesbezüglichen Aktivitäten nach Amtsantritt nicht weiter verwundern: »Der neue Außenminister der USA, Rex Tillerson, hatte kürzlich [Ende Januar 2017] angekündigt, dass die USA China den Zugang zu den Inseln verwehren werden. Damit wurden die ohnehin schon angespannten Beziehungen zwischen den beiden Ländern weiter belastet. Schon nach der Antrittsrede von Trump in Washington warnten Chinas Staatsmedien den US-Präsidenten eindrücklich davor, einen Handelskrieg mit der zweitgrößten Volkswirtschaft anzuzetteln. Außerdem riet die Zeitung ›China Daily‹ Trump davon ab, das ›Ein-China-Prinzip‹ weiter in Frage zu stellen und zu versuchen, in Verhandlungen mit Peking die ›Taiwan-Karte‹ zu spielen.«[275] Vor diesem Hintergrund darf auch die ebenfalls nur kurz nach Amtsantritt erfolgte US-Aufkündigung des »Transpazifischen Partnerschaftsabkommens« (TPP), mit dem die wirtschaftliche Eindämmung Chinas vorangetrieben werden sollte, nicht als eine Absage an eine Konfrontation gewertet werden – im Gegenteil. Ein regelrechter Handelskrieg mit China ist nicht auszuschließen, und auch die militärische Karte scheint weiter in den Vordergrund zu rücken.

In diesem Zusammenhang gaben die – vergleichsweise – moderateren Töne, die Trump immer wieder gegenüber Russland anschlug, Anlass zu Spekulationen, ob sich hierdurch nicht die Möglichkeit für einen »Deal« zwischen Moskau und Washington aufdränge. Für Vladislav Inozemtsev, Direktor der russischen Denkfabrik »Centre for Research on Post-Industrial Societies«, könnte der darin bestehen, dass Russland in den Fragen Syrien und Ukraine weit entgegengekommen wird, die USA dafür aber im Austausch eine Abkehr von China verlangen könnten.[276] Tatsächlich äußerte sich Trump während des Wahlkampfes deutlich vorsichtiger als seine Kontrahentin Hillary Clinton, was allerdings nicht wirklich schwer war, da die Demokratin eine Verbalkanone nach der anderen in Richtung Moskau abfeuerte. Gänzlich unkritisch waren Trumps Aussagen deshalb aber noch lange nicht – aus diesem Grund, und weil auch die neue US-Regierung nicht völlig unabhängig von anderen einflussreichen Akteuren in Washington agieren kann, folgerte der einflussreiche private Nachrichtendienst Strategic Forecast bereits wenige Tage nach Amtseinführung, dass sich am bisherigen US-Russland-Kurs womöglich überhaupt nicht viel ändern werde: »Egal, wer sich im Weißen Haus befindet, Washingtons Ziel, regionale Hegemonen einzudämmen, wird weiterhin ein Kernelement seiner Außenpolitik bleiben. […] Die Beziehungen zwischen Washington und

Moskau werden sich unter Trump zweifellos entwickeln. [...] Aber Washingtons Eindämmungspolitik ist weiterhin gültig und wird in der US-Strategie noch weit über die Trump-Regierung hinaus eine zentrale Rolle spielen.«[277]

Und tatsächlich kam der prorussische Flügel innerhalb des Trump-Teams, Sprecherin Kellyanne Conway und vor allem der Nationale Sicherheitsberater Michael Flynn, sofort massiv unter Beschuss. Flynn, der sich vergleichsweise harmloser Absprachen kurz vor der offiziellen Amtseinführung (aber nach der Wahl) »schuldig« gemacht haben soll, musste aufgrund einer massiven Medienkampagne dann sogar Mitte Februar 2017 den Hut nehmen. Interessant sind in diesem Zusammenhang die Spekulationen des ehemaligen CIA-Mitarbeiters Philip Giraldi, der hierin einen gezielten Versuch der Geheimdienste sieht, den US-Kurs deutlich antirussischer auszurichten: »In diesem Fall stammt die Information von der NSA, dem FBI oder möglicherweise der CIA (oder allen dreien). [...] Meine jüngsten Treffen mit Geheimdienstmitarbeitern [...] veranlassen mich zu der Annahme, dass innerhalb der Geheimdienste wirklich viele Menschen zu dem Schluss gelangt sind, Russland sei eine ebenso große und akute Bedrohung für die USA wie damals die Sowjetunion. Ich habe die Befürchtung, dass die aktuelle Generation von Russlandskeptikern wahrhaft Gläubige der schlimmsten Sorte sind und tun werden, was auch immer sie für erforderlich halten, um Schritte in Richtung einer Annäherung zwischen Washington und Moskau zu unterminieren. Klassifizierte und hochsensible abgefangene Daten eines in Kürze hochrangigen US-Regierungsmitglieds öffentlich zu machen, kann man getrost als eine extreme Handlung bezeichnen. […] Somit hat es den Anschein, dass die Zerstörung Flynns […] Teil einer koordinierten Anstrengung ist, die Optionen des Weißen Hauses unter Trump für den Umgang mit Russland einzugrenzen.«[278]

Abschließend beweisen lassen sich die Verdächtigungen Giraldis natürlich nicht – plausibel sind sie aber allemal. In jedem Fall gilt Flynns Nachfolger als ausgemachter Russland-Hardliner, was sicher nicht ohne Auswirkungen auf den Kurs der Trump-Administration bleiben wird. *Spiegel Online* fasste den gesamten Vorgang prägnant zusammen: »Nachdem sein Nationaler Sicherheitsberater Michael Flynn über geheime Verhandlungen mit Russland stolperte, ernennt Donald Trump als dessen Nachfolger den General Herbert Raymond ›H.R.‹ McMaster. Der gilt als Querdenker und Russland-Kritiker. Das Echo auf die Personalie ist positiv, sogar Trumps schärfster innerparteilicher Kritiker John McCain zeigt sich hochzufrieden.«[279]

Schon zuvor war es auffällig, wie schnell die Trump-Regierung wesentliche Elemente der bisherigen antirussischen US-Politik fortsetzte. Trump ging sogar dazu über, ganz offen das Grundprinzip der nuklearen Rüstungskontrolle mit Russland in Frage zu stellen, die grobe Parität der Arsenale. Ganz offen kündigte er ein milliardenschweres noch umfassenderes Rüstungsprogramm als sein Vorgänger an, mit dem unter anderem ganz explizit eine atomare Überlegenheit der Vereinigten Staaten erreicht werden soll: »Es wäre wunderbar, es wäre ein Traum, wenn kein Staat Atomwaffen hätte«, sagte Trump. »Aber solange Staaten Atomwaffen haben, werden wir im Rudel ganz oben stehen.«[280] Vor allem aber wird der westliche Truppenaufmarsch an der NATO-Ostflanke auch unter Trump ungebremst fortgesetzt. Zudem wurde beim Treffen der NATO-Verteidigungsminister Mitte Februar 2017 – unter augenscheinlicher Zustimmung der neuen US-Regierung – ein eindeutig antirussisch motivierter Ausbau der NATO-Präsenz im Schwarzen Meer beschlossen: »Ein Nato-Vertreter, der anonym bleiben wollte, sagte der Nachrichtenagentur AFP, Ziel der verstärkten Präsenz sei unter anderem die Gewinnung von Geheimdiensterkenntnissen, etwa zu den in der Region stationierten russischen Boden-Luft-Raketen.«[281] Außerdem erteilte Trump einem Ende der Russland-Sanktionen ebenfalls Mitte Februar 2017 eine klare Absage, indem er sie von einer Rückgabe der Krim abhängig machte: »Bisher hatte nur die neue Uno-Botschafterin der USA den Ton gegen Russland verschärft, jetzt kommt die Bestätigung durch den Präsidenten: Donald Trump fordere von Russland, dass es die Krim an die Ukraine zurückgibt. […] In Russland löste die Aussage Trumps ein breites Medienecho aus und sorgte für Empörung.«[282]

Was die letzte große Baustelle anbelangt, die transatlantischen Beziehungen, so wurden spätestens auf der Münchner Sicherheitskonferenz Mitte Februar 2017 die Fronten geklärt. Nachdem es kurzzeitig Irritationen um NATO-kritische Äußerungen Trumps gab, präsentierte Vizepräsident Mike Pence dort den

Deal. Einerseits: »Heute versichere ich Ihnen im Namen von Präsident Trump: Die Vereinigten Staaten von Amerika stehen fest zur Nato und werden unerschütterlich unsere Verpflichtungen für unsere transatlantische Allianz erfüllen.« Andererseits: »Lassen Sie es mich an dieser Stelle deutlich sagen: Der Präsident der Vereinigten Staaten erwartet von seinen Verbündeten, dass sie ihre Zusagen einhalten. Und für die meisten bedeutet das, dass die Zeit gekommen ist, mehr zu tun.«[283] Gemeint ist hier die Umsetzung des auf dem NATO-Gipfel in Wales im September 2014 vereinbarten Zieles, dass alle Mitglieder spätestens bis 2024 mindestens zwei Prozent ihres BIP für das Militär ausgeben sollten.

Entscheidend ist, dass gerade von deutscher Seite, die von den USA mit am direktesten in diesem Zusammenhang kritisiert wird, Entgegenkommen signalisiert wurde: »Wir haben verstanden«, titelte Verteidigungsministerin von der Leyen in einem Artikel kurz vor Beginn der Sicherheitskonferenz, auf der sie sich dann auch explizit zum Zwei-Prozent-Ziel bekannte.[284] Obwohl dies – je nach Schätzung – eine Erhöhung des Rüstungshaushalts von 37 Mrd. Euro (2017) auf 70 bis 75 Mrd. Euro (2024) erfordern würde, bremste Kanzlerin Merkel in ihrer Rede auf der Sicherheitskonferenz nur geringfügig ab. »›Wir werden alle Anstrengungen unternehmen, wir fühlen uns diesem Ziel verpflichtet‹, sagte sie. ›Deutschland kennt hier seine Verantwortung.‹ Merkel schränkte allerdings ein, Deutschland könne seinen Verteidigungsetat nicht um mehr als acht Prozent im Jahr steigern. ›Mehr können sie faktisch nicht machen‹, sagte die Kanzlerin. Das heißt, dass das Nato-Ziel vermutlich nicht erreicht wird.«[285]

Hochgerechnet würden die 2-Prozent-BIP bei einer regelmäßigen Etatsteigerung um 8 Prozent zwar tatsächlich wohl verfehlt werden – sie würde aber dennoch einen Aufwuchs des Rüstungshaushalts auf 63,4 Mrd. Euro im Jahr 2024 bedeuten! Jens Spahn, Staatssekretär im Finanzministerium, hatte auch gleich einen Vorschlag parat, woher das Geld hierfür kommen könnte: »Etwas weniger die Sozialleistungen erhöhen in dem einen oder anderen Jahr – und mal etwas mehr auf Verteidigungsausgaben schauen.«[286] Auch aus Sicht von Spahns Chef, Finanzminister Wolfgang Schäuble, ist mehr als genug Geld und Bereitschaft vorhanden, den Militäretat aufzupäppeln – alles nur eine Frage der Prioritäten: »Schauen Sie, wir haben in den letzten zwei Jahren jährlich etwa bis zu 20 Milliarden Euro für Integration, für Fluchtursachen-Bekämpfung, für Migrationssteuerung gemacht. […] Kontinuierlich den Verteidigungshaushalt erhöhen – geht. Man kann sich nicht alles leisten, aber wenn man die Prioritäten richtig setzt, ist es möglich. Den Spielraum dazu haben wir.«[287]

Natürlich sehen viele EU-Entscheidungsträger in diesen Investitionen kein reines Wohlfühlprogramm für die aggressiv auftretende neue US-Regierung. Sie wittern hier vielmehr vor allem die Chance, Widerstände in den eigenen Reihen gegenüber – kostspieligen – militärisch unterfütterten Globalmachtambitionen aufbrechen zu können. Und für diese Ambitionen könnte sich die Wahl Trumps sogar als nützlich erweisen. Geradezu trotzig äußerte sich etwa die EU-Außenbeauftragte Federica Mogherini unmittelbar nach der Wahl des neuen US-Präsidenten: »In den kommenden Monaten und Jahren – man kann sogar sagen: in diesen Stunden – wird es eine zunehmende Nachfrage nach Europa geben von unseren Nachbarn und unseren Partnern in der Welt. Die Forderung nach einem von Prinzipien geleiteten globalen ›Sicherheits-Dienstleister‹ wird wachsen. Die Forderung nach einer Supermacht, die an mehrseitige Bündnisse und Zusammenarbeit glaubt.«[288] Fast genauso klingt auch eine »Entschließung zur Umsetzung der Gemeinsamen Außen- und Sicherheitspolitik«, die das Europäische Parlament am 14. Dezember 2016 verabschiedete: »Das Europäische Parlament [...] betont, dass die EU ihre Sicherheits- und Verteidigungsfähigkeiten stärken muss, da sie ihr volles Potenzial als Weltmacht nur nutzen kann, wenn sie ihre einzigartige ›Soft Power‹ im Rahmen eines umfassenden EU-Ansatzes mit ›Hard Power‹ kombiniert.«[289]

Auch die Journaille wollte sich da nicht lumpen lassen – »herausragend« war in diesem Zusammenhang der von nicht weniger als zehn *Zeit*-Redakteuren gezeichnete Artikel »Weltmacht! Echt jetzt?«, der in beeindruckender Offenheit die Umsetzung der in den vorherigen Kapiteln beschriebenen – bisher impliziten – EU-Expansions- und Weltmachtstrategie nun explizit einforderte: »Nach der Wahl Donald Trumps erkennen die Europäer, dass sie künftig selbst ihre Interessen durchsetzen und ihre Sicherheit garantieren müssen – und was dem noch alles im Wege steht. [...] Europa muss nicht ›Weltmacht‹ werden im amerikanischen Sinne, mit Flugzeugträgergruppen, die stählern durch alle Weltmeere pflügen. [...] Europa hat Interessen in Afrika, in einem Teil von Asien (Syrien! Afghanistan!) und an all seinen Außengrenzen, vom Balkan bis Marokko, vom Atlantik bis tief ins südliche Mittelmeer. Hier Mitverantwortung zu übernehmen, weit über den eigenen Kontinent hinaus – auch das ist Weltmacht. Regional begrenzte Weltmacht ganz gewiss, aber auch zum Glück. Aber für eine ziemlich große Region. [...] Wie falsch, widersinnig oder isolationistisch auch immer Trumps außenpolitisches Denken sein mag – in einem Punkt hat er recht. Die Trittbrettfahrerei der Europäer, speziell der Deutschen, ist keine Option mehr.«[290]

Entscheidend ist, ob die EUropäischen Rüstungs- und Expansionsbestrebungen als Ergänzung oder als Konkurrenz zu den USA begriffen werden müssen. Letzteres liegt nahe, angesichts der hysterischen Trump-Kritik, die sich hierzulande in nahezu allen Medien Bahn bricht. Einer der wenigen hellsichtigen Kommentare zur eigentlichen Motivation dieser US-Schelte stammt von Bettina Gaus in der *taz*: »Alle menschenrechtlichen Erwägungen, die derzeit von Entscheidungsträgern gegen Trump ins Feld geführt werden, sind scheinheilig. Europa verhält sich – im Prinzip – nicht anders als der neue US-Präsident. Das, was ihm wirklich zur Last gelegt wird, ist sein wirtschaftspolitischer Kurs. Anders ausgedrückt: Wenn er sich zu internationalem Freihandel bekennt, dann wird der exportorientierte Rest der Welt mit seinen Menschenrechtsverletzungen schon klarkommen.«[291]

Bevor allerdings allzu voreilig der Abgesang auf

die transatlantische Partnerschaft und damit die NATO angestimmt wird, sollte man sich vergegenwärtigen, dass lediglich eine dauerhafte US-Abkehr vom Neoliberalismus das Bündnis aus Sicht der gegenwärtigen EU-Entscheider ernsthaft in Frage stellen würde. Auch wenn das »Transatlantische Partnerschafts- und Investitionsabkommen« (TTIP) als großer Wurf, um den neoliberalen Westen gegen die Herausforderer in Stellung zu bringen, erst einmal vom Tisch sein dürfte, vier oder womöglich sogar acht Jahre Trump, selbst wenn er seinen bisherigen Anti-Freihandels-Kurs beibehalten sollte, lassen sich durchaus »aussitzen«. Vor diesem Hintergrund erteilte auch der Leiter der Münchner Sicherheitskonferenz, Wolfgang Ischinger, Plänen zur »Gegenmachtbildung« eine klare Absage. Stattdessen plädierte er gleich aus mehreren Gründen dafür, den USA weiter die Stange zu halten – schon allein deswegen, weil es zu den USA weiterhin keine »vernünftige« Alternative gibt: »Erstens würden wir die vielen Millionen Amerikaner ignorieren, die eben nicht Donald Trump gewählt haben. [...] Anstatt uns pauschal von den USA abzuwenden, sollten wir mit all jenen zusammenarbeiten, die an einer Bewahrung der transatlantischen Wertegemeinschaft interessiert sind. Dazu scheinen ja auch einige Mitglieder der neuen Regierung zu zählen, die sich erfreulich deutlich zur transatlantischen Partnerschaft und Kontinuität bekannt haben – von den Trump-Gegnern im Kongress ganz zu schweigen. Zweitens ist es nicht so, dass überall auf der Welt Partner Schlange stünden, die mit Europa die liberale Weltordnung verteidigen wollten. [...] Langfristig wird die liberale Weltordnung nur Bestand haben, wenn sie von beiden Pfeilern der transatlantischen Partnerschaft gestützt wird. Drittens übersehen jene, die jetzt zu einer europäischen Gegenmachtbildung zu den USA aufrufen, dass diese Option in Wahrheit gar nicht besteht. Die Europäer können kurz- und mittelfristig nicht auf die US-amerikanische Sicherheitsgarantie verzichten.«[292]

Summa summarum: An den USA und damit an der NATO führt zumindest mittelfristig allen Anstrengungen zum Trotz nicht zuletzt aus Sicht der Bundesregierung kein Weg vorbei. In den Worten Kanzlerin Merkels: »Wir brauchen die militärische Kraft der Vereinigten Staaten von Amerika. [...] Europäische Verteidigungsfähigkeit darf nach meiner festen Überzeugung niemals alternativ zur NATO gesehen werden, sondern sie muss sich in die Fähigkeiten der NATO einfügen. Das ist auch die Auffassung, die wir teilen.«[293] Wie beschrieben, geht es dabei aber durchaus darum, die EUropäische Rolle im Bündnis auszubauen, auch wenn dies am Ende in jeder größeren Frage über die NATO organisiert werden muss. Bei allen damit womöglich einhergehenden Streitereien um das jeweilig größte Stück am Kuchen, in einem Punkt sind sich die Partner auf beiden Seiten des Atlantiks einig: Gegessen wird im Westen!

Und genau hier liegt der Kern des Problems: Im verzweifelten Versuch, die westliche Vormachtstellung unter allen Umständen zu erhalten, scheint jedes Mittel recht zu sein – nicht zuletzt eben das Militär. Es dürfte deshalb kein Zufall sein, dass ausgerechnet zu einer Zeit, in der diese Vormachtstellung bröckelt, auch die NATO wieder an Bedeutung gewinnt. Rückt der Westen von dieser Politik nicht ab, dann dürfte ein »Neuer Kalter Krieg« tatsächlich unausweichlich sein – und die NATO wird dabei mit Sicherheit im Zentrum dieser Entwicklungen stehen. Das Kriegsbündnis hat schon jetzt mehr als genug Schaden angerichtet, es ist deshalb höchste Zeit, die NATO endlich aufzulösen – umso mehr, da es in absolut eklatanter Weise gegen sein eigenes Gründungsstatut, den NATO-Vertrag von 1949, verstößt: »Die Parteien verpflichten sich, in Übereinstimmung mit der Satzung der Vereinten Nationen jeden internationalen Streitfall, an dem sie beteiligt sind, auf friedlichem Wege so zu regeln, dass der internationale Friede, die Sicherheit und die Gerechtigkeit nicht gefährdet werden, und sich in ihren internationalen Beziehungen jeder Gewaltandrohung oder Gewaltanwendung zu enthalten, die mit den Zielen der Vereinten Nationen nicht vereinbar ist.«

Anmerkungen

1 Richard Shirreff: *2017 War with Russia. An Urgent Warning from Senior Military Command*. London 2016, IX ff.; Stavridis wurde zwischenzeitlich außerdem als aussichtsreicher Kandidat für den Posten des US-Vizepräsidenten unter Hillary Clinton gehandelt. »James Stavridis, Retired Admiral, Is Being Vetted as Hillary Clinton's Running Mate«. In: *New York Times*, 12.07.2016.

2 Nina Werkhäuser: »Frostiger Blick in tiefe Gräben«. Auf: *Deutsche Welle*, 07.02.2015.

3 Michael Rühle: »Amerika muss lernen, die Nato wieder zu lieben«. In: *Die Welt*, 06.09.2016.

4 »Russian expansionism may pose existential threat, says Nato general.« In: *The Guardian*, 20.02.2015.

5 Donald J. Trump: »America First will be the major and overriding theme of my administration«. Rede, Nixon Center, 27.04.2016.

6 »Ein schwerer Schock«. Auf: *tagesschau.de*, 09.11.2016.

7 Rede von Außenminister Steinmeier zum 60. Jahrestag des Beitritts Deutschlands zur NATO, o. O., 30.06.2015.

8 Auszug aus der Policy Planning Study, Kapitel VII. Far East, Seite 524. Zitiert nach: Wikipedia: Grand Area. Auf: https://de.wikipedia.org/wiki/Grand_Area.

9 Dies bedeutet selbstredend nicht, dass die NATO während des Kalten Krieges nicht versucht hätte, auch offensiv zu agieren. Siehe dazu: Joachim Guilliard: »Die NATO 1949–91: Kurze Bilanz einer kriegerischen Geschichte«. In: DFG-VK/IMI (Hrsg.): *Kein Frieden mit der Nato*. Tübingen 2009, S. 16–17.

10 »Russia's Expanding Influence«. *Stratfor*, 08.03.2010.

11 »›Prevent the Reemergence of a New Rival‹. The Making of the Cheney Regional Defense Strategy, 1991–1992«. Auf: http://nsarchive.gwu.edu/nukevault/ebb245/index.htm (Dokument 3).

12 Ebd.

13 The Alliance's Strategic Concept. Rom, 7./8. November 1991, Ziffer 8 und 12. Der Schutz zentraler Rohstoffvorkommen sowie ihrer Transportwege stellt seit langem ein wesentliches Ziel der NATO dar, das auch offiziell im aktuellen Strategischen Konzept des Bündnisses ausgewiesen wird: »Wir werden daher […] die Fähigkeit entwickeln, zur Energiesicher-

heit beizutragen, auch durch den Schutz kritischer Energie-
infrastruktur und von Transitgebieten und -routen, durch
die Zusammenarbeit mit Partnern und durch Konsultatio-
nen unter den Bündnispartnern auf der Grundlage strategischer Einschätzungen und Notfallpläne.« Aktives Engagement, moderne Verteidigung: Strategisches Konzept für die
Verteidigung und Sicherheit der Mitglieder der Nordatlantikvertrags-Organisation. Lissabon, 19./20. November 2010,
Absatz 19.

14 Patrick Keller: »Barack Obama's foreign policy. What can
    NATO expect from the next U.S. President?« In: *Research Pa-
    per of the NATO Defense College*, No. 43, November 2008, S. 4.
15 Joseph Stiglitz: *Die Schatten der Globalisierung*. Berlin 2002;
    Ha-Joon Chang: »Kicking Away the Ladder: The ›Real‹ His-
    tory of Free Trade«. In: *Foreign Policy In Focus*, Special Report,
    December 2003.
16 Michael Brzoska in: »Wie werden wir die nächsten hundert
    Jahre überleben?« In: *Zeit Online*, 17.08.2006.
17 Paul Collier in: *Breaking the Conflict Trap*. World Bank Policy
    Research Report 2003, S. 53.
18 Birgit Mahnkopf: »Neoliberale Globalisierung und Krieg«.
    In: *Blätter für deutsche und internationale Politik* 1/2004,
    S. 47–57.
19 Das neue Strategische Konzept der NATO, 24.04.1999, Ab-
    satz 31.
20 Interview mit Heinz Loquai zum Kosovo. Auf: german-
    foreign-policy.com, 26.03.2004.
21 Klaus Naumann: »Der Gewalt nicht nachgeben. Erfahrungen
    aus dem Kosovo-Einsatz«. In: *Truppenpraxis, Wehrausbildung*
    11/99, S. 732–742, S. 736.
22 Independent International Commission on Kosovo, Kosovo
    Report 2000.
23 Heinz Brill: »Der Balkan-Konflikt und die Interessen der
    Mächte«, Teil 2. In: *ÖMZ* 6/00, S. 721–732, S. 727.
24 Naomi Klein: *Die Schockstrategie. Der Aufstieg des Katastro-
    phen-Kapitalismus*. Frankfurt/M. 2009, S. 457 f.
25 Hannes Hofbauer: *Experiment Kosovo. Die Rückkehr des Kolo-
    nialismus*. Wien 2008, S. 167.
26 Die Zahlen stammen aus dem Jahr 2013. Auf: http://www.
    ks.undp.org/content/kosovo/en/home/countryinfo.html.
27 »Generalleutnant Carsten Jacobson besucht Soldaten der
    Kosovo Force«. Auf: www.deutschesheer.de, 03.03.2016.
28 »Kompromisslinie. Taliban erwägen Auslieferung Bin La-
    dens an Drittstaat«. Auf: *Spiegel Online*, 14.10.2001.

29   Die Bundesregierung: »Fortschrittsbericht Afghanistan zur Unterrichtung des Deutschen Bundestags«, Januar 2014, S. 6.

30   Amnesty Report 2016: Afghanistan.

31   Auswärtiges Amt: Afghanistan – Wirtschaft, Stand: April 2016.

32   Thomas Ruttig: »Einiges besser, nichts wirklich gut. Afghanistan nach 34 Jahren Krieg – eine Bilanz«. In: *WeltTrends* 94 (2014): 1, S. 27–39, S. 36.

33   Brookings Afghanistan Index, Stand: 30.03.2016.

34   Lühr Henken: »Vergessene Tote«. In: *junge Welt*, 07.07.2014.

35   »Handlungsfähigkeit der Nato stärken«. Auf: *Spiegel Online*, 25.10.2006.

36   London Declaration On A Transformed North Atlantic Alliance, London 05./06. Juli 1990.

37   Joshua Itzkowitz: »Deal or No Deal? The End of the Cold War and the U.S. Offer to Limit NATO Expansion«. In: *International Security*, Frühjahr 2016, Vol. 40, No. 4, S. 7–44, S. 42.

38   DPG-Version vom 29.02.1992, S. 20.

39   Mark Kramer: »No Such Promise«. In: *Foreign Affairs*, November/Dezember 2014; Mary Elise Sarotte: »A Broken Promise? What the West Really Told Moscow About NATO Expansion«. In: *Foreign Affairs*, September/Oktober 2014.

40   Florian Hassel: »Erst Manöver, dann Krieg«. In: *Frankfurter Rundschau*, 10.09.2008.

41   »Ignorant und Arrogant. Der unglückliche Umgang der USA mit Russland«. In: *Weltspiegel*, 09.03.2014.

42   »Das große Rätsel um Genschers angebliches Versprechen«. In: *Frankfurter Allgemeine Zeitung*, 19.04.2015.

43   Ebd.

44   »Gorbachev: how we pulled down the Berlin Wall«. In: *Russia Beyond the Headlines*, 30.10.2014.

45   Die weiteren Staaten waren Bulgarien, Rumänien, Slowenien und die Slowakei.

46   Häufig wird dem russischen Präsidenten Wladimir Putin eine Art pathologischer US-Hass unterstellt, der noch aus seiner KGB-Zeit herstamme. Kritisch ins Gericht geht hiermit das Buch *Mr. Putin: Operative in the Kremlin*, das zu dem Ergebnis gelangt, die US-Handlungen nach dem Kalten Krieg seien für Putins negatives US-Bild verantwortlich, kein wie auch immer tiefsitzender Anti-Amerikanismus. Siehe: Fiona Hill/Clifford G. Gaddy: »The American Education of Vladimir Putin. How the Russian leader came to oppose a country he knows little about«. In: *The Atlantic*, 16.02.2015.

47   Wladimir Putins Auftritt vor dem Bundestag im Septem-

ber 2001 wird gemeinhin als ein Versuch in diesem Zusammenhang interpretiert, als er angab: »Ich bin der Meinung, dass Europa seinen Ruf als mächtiger und selbständiger Mittelpunkt der Weltpolitik nur festigen wird, wenn es seine eigenen Möglichkeiten mit den russischen menschlichen, territorialen und Naturressourcen sowie mit den Wirtschafts-, Kultur- und Verteidigungspotenzialen Russlands vereinigen wird.« Rede des russischen Staatspräsidenten, Wladimir Putin, vor dem Deutschen Bundestag am 25. September 2001 in Berlin. Dokumentiert in: *Internationale Politik*, Oktober 2001.

48   Dmitri Trenin. Zitiert bei: Willi Gerns: »Das Putinsche Russland«. In: *Marxistische Blätter* 1/2015, S. 67–78, S. 74.

49   Rede des russischen Präsidenten Wladimir Putin auf der 43. Münchner »Sicherheitskonferenz« in deutscher Übersetzung. Auf: http://www.ag-friedensforschung.de/themen/Sicherheitskonferenz/2007-putin-dt.html.

50   »Russischer Präsident Putin im Harnisch«. dpa, 10.02.2007.

51   Martin Hantke: »›Alles wieder offen‹. Georgienkrieg und imperiale Geopolitik«. IMI-Studie 2008/010b.

52   »The draft of the European Security Treaty«. November 29, 2009. Auf: http://eng.kremlin.ru/news/275.

53   Margarete Klein: »Medwedews Vorschlag für einen euroatlantischen Sicherheitsvertrag«. In: *russland-analysen* Nr. 193, 04.12.2009, S. 2.

54   »Clinton sagt njet – und umwirbt die Russen«. In: *Süddeutsche Zeitung*, 17.05.2010.

55   Markus Meckel u. a.: »Deutsche Außenpolitik und Östliche Partnerschaft. Positionspapier der Expertengruppe Östliche Partnerschaft«. DGAPstandpunkt Nr. 1/2012, S. 2. Zitiert nach: Wilhelm Achelpöhler/Uli Cremer: »Ukraine: Wir müssen über Geopolitik reden«. Grüne Friedensinitiative, 04.03.2014.

56   Ernst-Otto Czempiel: »Am Scheideweg. Zur Situation der Atlantischen Gemeinschaft«. In: *Blätter für deutsche und internationale Politik* 5/2000, S. 568–579, S. 579.

57   Arno Neuber: »Militärmacht Europa: Die EU auf dem Weg zur globalen Interventionsmacht«. In: isw-Report Nr. 56 (Dezember 2003), S. 15.

58   Rede von Gerhard Schröder bei der Münchner Sicherheitskonferenz, 12.02.2005.

59   Gerrard Quille: »Global Power or Global Player? Framing CFSP and ESDP in 2019«. In: *Forward-Looking Policy Papers on »Europe 2009–2019«*, EXPO/B/PolDep/ST/2009_109, Juli 2009, S. 13–20, S. 14.

60   Robert Kagan: »A Tougher War for the U.S. Is One of Legitimacy«. In: *New York Times*, 24.01.2004.

61   Rede von Joseph Biden auf der Münchner Sicherheitskonferenz, 07.02.2009.

62   Entschließung des Europäischen Parlaments vom 19. Februar 2009 zu der Rolle der NATO im Rahmen der Sicherheitsarchitektur der EU (2008/2197(INI)).

63   Joseph Biden, 2009.

64   »Nichts kann das Strahlen trüben«. In: *Frankfurter Allgemeine Zeitung*, 04.04.2009.

65   Nikolaus Busse: »Harte Zeiten für Friedensbewegte. Eine multipolare Welt bringt die klassische Machtpolitik wieder zurück«. In: *Internationale Politik*, Juni 2009, S. 49–53, S. 53.

66   Zitiert bei: Fred Schmid: »China. Krise als Chance? – Aufstieg zur ökonomischen Weltmacht«. In: isw-Report Nr. 83/84 (Dezember 2010).

67   Joshua Kurlantzick: *State Capitalism: How the Return of Statism is Transforming the World*. Oxford 2016.

68   Jim O'Neill: »Building Better Global Economic BRICs, Goldman Sachs«. In: *Global Economics Paper* No: 66, 30.11.2001; Dominic Wilson/Roopa Purushothaman: »Dreaming With BRICs: The Path to 2050«. In: *Global Economics Paper* No: 99, 01.10.2003.

69   Jörg Goldberg u. a.: »Aufstieg des Südens – Umbruch in der globalen Machtverteilung?« In: isw-Report Nr. 102 (August 2015).

70   National Intelligence Council: *Global Trends 2025: A Transformed World*. November 2008, S. vii; iv.

71   Kurt Campbell u. a.: *Extending American Power. Strategies to Expand U.S. Engagement in a Competitive World Order*. Center for a New American Security, Washington 2016, S. 5.

72   Andreas Rinke: »Metamorphose der Geopolitik. Wie die Finanzkrise das internationale Kräfteverhältnis verändert«. In: *Internationale Politik*, Juni 2009, S. 38–43, S. 43.

73   Klaus von Raussendorff: »NATO-Weltmachtpolitik und Schwellenländer«. In: junge Welt (Beilage), 10.01.2015.

74   Sergei Karaganov: »A New Epoch of Confrontation«. In: *Russia in Global Affairs* Nr. 4, Oktober–Dezember 2007.

75   Siehe: Kees van der Pijl: *Global Rivalries*, London 2006, der den Konflikt auch historisch zurückverfolgt und in einen breiten Zusammenhang rückt.

76   Robert Kagan: *Die Demokratie und ihre Feinde*. Bonn 2008, S. 7.

77   Barack Obama: »Renewing American Leadership«. In: *Foreign Affairs*, Juli/August 2007, S. 2–16.

78 John Ikenberry/Anne-Marie Slaughter: »Forging a World of Liberty under Law«. Final Report of the Princeton Project on National Security, September 2006, S. 29 f.

79 Ulrike Guérot/Andrea Witt: »Europas neue Geostrategie«. In: *Aus Politik und Zeitgeschichte* (B 17/2004), S. 6–12, S. 6 f.

80 Hans-Jürgen Bieling: *Die Globalisierungs- und Weltordnungspolitik der Europäischen Union.* Wiesbaden 2010, S. 53.

81 Martin Schulz: »Die Außenpolitik der Europäischen Union im 21. Jahrhundert: Vision, Ambition, Wirklichkeit«. In: *integration* 2/2013, S. 138–145, S. 145.

82 »Der Westen muss zusammenstehen«. In: *Frankfurter Allgemeine Zeitung*, 15.02.2016.

83 James Rogers/Luis Simón: »The top ten geopolitical events of the last decade«. Auf: http://www.europeangeostrategy.org, 05.01.2011.

84 Dies.: »The new ›long telegram‹: Why we must re-found European integration«. Group on Grand Strategy, Long Telegram 1/Sommer 2011, S. 4.

85 Ebd., S. 3.

86 James Rogers: »A New Geography of European Power?« In: *Egmont Paper* No. 42, January 2011, S. 22.

87 Luis Simón: »No might, no right: Europeans must re-discover military power«. In: *European Global Strategy* 2/2013.

88 James Rogers, 2011, S. 16.

89 Ebd., S. 21.

90 Ebd., S. 5.

91 Luis Simón: »A Coherent Geostrategy for the Sahel«. Brüssel, 11.05.2012; Andrea Gilli/James Rogers: »Enabling the future: European military capabilities 2013–2025: challenges and avenues«. EUISS, Report No. 16, Mai 2013.

92 »Five EU countries call for new military ›structure‹«. Auf: *EUobserver*, 16.11.2012.

93 Jeremy Leaman: »Hegemonialer Merkantilismus: Die ökonomische Doppelmoral der Europäischen Union«. In: *Blätter für deutsche und internationale Politik* 2/2008, S. 76–90, S. 77.

94 Hannes Hofbauer: *EU-Osterweiterung. Historische Basis – ökonomische Triebkräfte – soziale Folgen.* Wien 2007, S. 254.

95 Ders.: »Das Geschäft Osterweiterung läuft«. In: *Neues Deutschland*, 30.04.2014.

96 Andreas Wehr: »Verbriefte Hegemonie«. In: *junge Welt*, 31.10.2014.

97 Denkbar ist nach der Aufnahme Kroatiens allenfalls noch ein Beitritt weiterer Balkanstaaten – allerdings nur bei deren Wohlverhalten, versteht sich.

98 Georg Vobruba: »Expansion ohne Erweiterung. Die EU-Nachbarschaftspolitik in der Dynamik Europas«. In: *Osteuropa* 2–3/2007, S. 7–20, S. 7.

99 Die ENP umfasst zusätzlich die Palästinensische Autonomiebehörde und diese 15 Staaten: Im Süden Algerien, Ägypten, Israel, Jordanien, Libanon, Libyen, Marokko, Syrien und Tunesien. Im Osten Armenien, Aserbaidschan, Weißrussland, Georgien, Moldawien und die Ukraine.

100 »Größeres Europa«. Brüssel, 11.03.2003. KOM(2003) 104 endgültig, S. 10.

101 Ebd., S. 5.

102 Im Zeitraum 2007 bis 2013 waren es ursprünglich 12 Mrd. Euro, wobei dieser Betrag später noch einmal um 1,24 Mrd. Euro aufgestockt wurde.

103 Joachim Becker: »Assoziierung Teil des Problems, nicht der Lösung. Die EU-Strategie im Ukrainekonflikt«. In: *Weltwirtschaft & Entwicklung* 03–04/2014, S. 1–4, S. 1.

104 »Implementation of the European Neighbourhood Policy Statistics«. SWD(2015) 77 final Brüssel, 25.03.2015, S. 33.

105 Bohdana Dimitrovova: »Imperial re-bordering of Europe: the case of the European Neighbourhood«. In: *Cambridge Review of International Affairs* 2/2012, S. 249–267, S. 254.

106 Catherine Ashton: »Preparing the December 2013 European Council on Security and Defence«. Final Report, Brüssel, 15.10.2013, S. 2.

107 Nick Witney: »How to stop the demilitarization of Europe«. European Council on Foreign Relations (ECFR), Policy Brief 40, November 2011, S. 1.

108 Hans-Gert Pöttering: »Die EU vor wachsenden Herausforderungen«. In: Gerd F. Kaldrack/Hans-Gert Pöttering (Hrsg.): *Eine einsatzfähige Armee für Europa.* Wiesbaden 2011, S. 46–57, S. 49.

109 Europäische Sicherheitsstrategie (ESS): »Ein sicheres Europa in einer besseren Welt«. Brüssel, Dezember 2003, S. 7 und 11.

110 Der Bereich wurde mehrmals umbenannt: Zuerst firmierte er unter dem Namen »Europäische Sicherheits- und Verteidigungsidentität« (ESVI), dann als »Europäische Sicherheits- und Verteidigungspolitik« (ESVP).

111 Mittlerweile fanden über 30 solcher GSVP-Einsätze statt, die vom Umfang allerdings eher kleinerer Natur sind. Viele GSVP-Operationen werden formal als »zivile« Einsätze bezeichnet, davon haben allerdings die meisten (etwa im Falle sogenannter »Ausbildungseinsätze«) eine relevante militärische Komponente, oder sie flankieren mit ihrer Tätigkeit Militäreinsätze vor Ort.

112 »Europas Verteidigungspolitik am Scheideweg?«. In: *if* 3/2011.

113 Siehe zur völkerrechtlichen Einordnung von Resolution 1973: Norman Paech: »Libyen und das Völkerrecht«. In: Johannes Becker (Hrsg.): *Der Libyen-Krieg: das Öl und die »Verantwortung zu schützen«*. Münster 2012, S. 61–76.

114 Jürgen Wagner: »Die Clinton-Mails und der Libyen-Krieg«. In: *AUSDRUCK* (April 2016), S. 12–15.

115 Robert Gates: »The Security and Defense Agenda (Future of NATO)«. Speech, Brussels, 10.06.2011.

116 Rede von Jens Stoltenberg bei der Münchner Sicherheitskonferenz, 13.02.2016.

117 Rede von Dmitri Medwedew bei der Münchner Sicherheitskonferenz, 14.02.2016.

118 John J. Mearsheimer: »Putin reagiert. Warum der Westen an der Ukraine-Krise schuld ist«. In: *Internationale Politik und Gesellschaft*, 01.09.2014.

119 Siehe zum Völkerrechtsbruch: Norman Paech: »Einseitige Unabhängigkeitserklärung verboten«. In: *Neues Deutschland*, 14.03.2014. Und kritisch zum Annexionsbegriff: Reinhard Merkel: »Die Krim und das Völkerrecht«. In: *Frankfurter Allgemeine Zeitung*, 07.04.2014.

120 Grundakte über Gegenseitige Beziehungen, Zusammenarbeit und Sicherheit zwischen der Nordatlantikvertrags-Organisation und der Russischen Föderation, Paris, 27.05.1997.

121 Joschka Fischer: *Scheitert Europa?* Köln 2014, S. 122.

122 Zbigniew Brzezinski: *Die einzige Weltmacht: Amerikas Strategie der Vorherrschaft*. Frankfurt/M. 2001 [4. Auflage], S. 74 und 177 f.

123 George Friedman: »Russia Examines Its Options for Responding to Ukraine«. *Stratfor* Geopolitical Weekly, 18.03.2014.

124 »Druck aus Moskau treibt Ukraine in die Arme der EU«. Auf: *EurActiv*, 30.08.2013.

125 Michael Stürmer: »Russland oder die EU – wer bekommt die Ukraine?« In: *Die Welt*, 23.10.2013.

126 CEPS/IFW/ICPS: »The Prospects of Deep Free Trade between the EU and Ukraine«. Brüssel 2006.

127 Assoziierungsabkommen zwischen der Europäischen Union und ihren Mitgliedstaaten einerseits und der Ukraine andererseits, Amtsblatt der Europäischen Union, 57 Jg., 29.05.2014. Angaben in diesem Abschnitt beziehen sich, sofern nicht anders angegeben, auf dieses Dokument.

128 Stefan Füle: »Statement on the pressure exercised by Russia on countries of the Eastern Partnership European Commissi-

on«. Speech 13/687, 11.09.2013. Füle bediente sich hier augenscheinlich der Zahlen folgender Studie: Veronika Movchan/ Ricardo Giucci: »Quantitative Assessment of Ukraine's Regional Integration Options«. Institute for Economic Research and Policy Consulting, Policy Paper 05/2011.

129 European Commission: »EU-Ukraine Deep and Comprehensive Free Trade Area«. Reading Guide. Auf: http://trade.ec. europa.eu/doclib/docs/2013/april/tradoc_150981.pdf, S. 2.

130 Joachim Becker, 2014, S. 1.

131 »Gipfel des Scheiterns«. In: *Der Spiegel* 48/2014.

132 Monthly press conference by NATO Secretary General Anders Fogh Rasmussen. Auf: *NATO.int*, 20.05.2014.

133 Nathalie Schüler: »Aufrüstung der NATO-Ostflanke. Die Umstrukturierung der NATO-Politik, Ukraine-Konflikt und Russland-Krise«. In: DFG-VK/IMI (Hrsg.): *Die 360°-NATO: Mobilmachung an allen Fronten*. Tübingen, Juni 2016, S. 27–33.

134 »NATO's Readiness Action Plan«. Nato Fact Sheet, Juli 2016.

135 »NATO-Speerspitze: Schlüsselrolle für Deutschland«. Auf: *bmvg.de*, 05.02.2015.

136 »Exercises in 2016«. Nato Fact Sheet, Juli 2016.

137 Tobias Pflüger: »NATO: Aufrüstung gegen Russland – Deutschland führt Speerspitze der NATO«. In: *AUSDRUCK* (April 2015), S. 29.

138 »Nato-Übung mit politischer Botschaft«. In: *Neue Zürcher Zeitung*, 08.11.2014.

139 »Im Würgegriff der ›Anakonda‹«. Auf: *Spiegel Online*, 07.06.2016.

140 Michal Baranowski/Bruno Lete: »NATO in a World of Disorder: Making the Alliance Ready for Warsaw«. German Marshall Fund, März 2016, S. 10.

141 Wesley Clark u. a.: »Closing NATO's Baltic Gap«. ICDS-Report, Mai 2016, S. 7; David A. Shlapak/Michael Johnson: »Reinforcing Deterrence on NATO's Eastern Flank«. Rand Corporation 2016.

142 Nicholas Burns/James Jones: »Restoring the Power and Purpose of the NATO Alliance«. *Atlantic Council*, Juni 2016, S. 2.

143 Erklärung der NATO-Verteidigungsminister. Brüssel, 25. Juni 2015.

144 »Interview: Trident Juncture sendet klare Signale«. Auf: *bundeswehr.de*, 17.08.2015.

145 Michal Baranowski/Bruno Lete, 2016, S. 5.

146 Birgit Mahnkopf: »Piratenhatz am Horn von Afrika. Zur politischen Ökonomie eines Piratenkonflikts und seiner geopo-

litischen Bedeutung«. In: *Internationale Politik und Gesellschaft* 1/2010, S. 58–81

147 Michal Baranowski/Bruno Lete, 2016, S. 16.

148 Ebd., S. 2.

149 Tomas Ries: »Die EU und das globalisierte Sicherheitsumfeld«. In: Álvaro de Vasconcelos (Hrsg.): *Perspektiven für die europäische Verteidigung 2020*. Institut für Sicherheitsstudien, Paris, Mai 2011, S. 67–84, S. 81 f.

150 »Nato-Gipfel beschließt Awacs-Einsatz im Kampf gegen IS«. *dpa*, 09.07.2016.

151 »A Design for Maintaining Maritime Superiority«. US Navy, Januar 2016, S. 3.

152 Nicholas Burns/James Jones, 2016, 2.

153 Wulf Lapins: »Ein Lied von schmelzendem Eis und Feuer«. In: *Internationale Politik und Gesellschaft*, 03.08.2016.

154 »Key highlights from the Wikileaks releases on 12 May 2011«. Auf: *greenpeace.org*, 12.05.2011.

155 »US Military Returns to Iceland: Cold War Base to Reopen«. Strategic Culture Foundation, 23.02.2016.

156 »U.S. stationing tanks and artillery in classified Norwegian caves«. Auf: *CNN*, 19.02.2016.

157 »NATO Rejects Direct Arctic Presence«. *Atlantic Council*, 30.05.2013.

158 Sabine Lösing: »Nein zum Manöver ›Arctic Challenge Exercise 2015‹«. Pressemitteilung, 21.05.2016.

159 Nick Turse: »In Africa, the U.S. Military Sees Enemies Everywhere«. Auf: *The Intercept*, 11.07.2016.

160 »The Role of Offensive Cyber Operations in NATO's Collective Defence«. NATO CCD COE, 05.05.2016, S. 2.

161 Brett Boudreau: »We have met the enemy and he is us«. NATO StratCom COE 2016, S. 385. Siehe auch: Tom Gruber: »Cyberwar und Inforaum. Die NATO und der Krieg auf dem fünften Schlachtfeld«. In: DFG-VK/IMI 2016, S. 55–58.

162 Brett Boudreau, 2016, S. 389. Siehe auch: Christopher Schwitanski: »Militarisierung von Informationen: NATO-Propaganda heißt jetzt Strategische Kommunikation«. In: DFG-VK/IMI 2016, S. 59–62.

163 »Fragen an den Westen«. In: *Süddeutsche Zeitung*, 25.02.2014.

164 Andreas Umland: »Tor zum Osten oder Krisenherd?« In: *Internationale Politik*, November/Dezember 2013, S. 108–112.

165 US-Denkfabrik Stratfor: »Deutsch-Russisches Bündnis muss unbedingt verhindert werden«. Ausschnitte aus einem Beitrag von George Friedman auf der Konferenz des »Chicago Council on Global Affairs« am 4. Febru-

ar 2015 (Friedman 2015). Auf: https://www.youtube.com/watch?v=ZzrsDZ8Uo8M.

166 Thomas Jäger: »Lösung des Ukraine-Konflikts eher zweitrangig«. In: *Focus*, 21.04.2014.

167 Reinhard Lauterbach: *Bürgerkrieg in der Ukraine. Geschichte, Hintergründe, Beteiligte.* Berlin 2014, S. 145.

168 Stefan Meister: »Die Putin-Krise. Europa muss den Dialog mit der russischen Zivilgesellschaft intensivieren«. In: *Internationale Politik*, Mai/Juni 2014, S. 8–15, S. 10.

169 Ebd., S. 15.

170 Hans Kristensen: »NATO Nuclear Operations. Management, Escalation, Balance of Power«. In: *Nuclear Information Project* , 27.10.2015.

171 Vor allem unter George W. Bush wurde der Ersteinsatz von Atomwaffen auch gegen Staaten wie den Iran oder Nordkorea ernsthaft erwogen. Auch unter Barack Obama sind derlei Überlegungen nicht vom Tisch, haben aber an Prominenz eingebüßt. Allerdings verschwand auch eine zwischenzeitlich erwogene Erklärung einer »No-First-Use-Politik« wieder in der Versenkung. »Obama Unlikely to Vow No First Use of Nuclear Weapons«. In: *New York Times*, 05.09.2016.

172 Nuclear Posture Review, April 2010, S. viii f.

173 Otfried Nassauer: »Die nukleare Zukunft der NATO«. In: RLS-*Standpunkte* Nr. 28/2010. Bereits vor einigen Jahren veröffentlichten mehrere hochrangige NATO-Strategen den Bericht, »Towards a Grand Strategy for an Uncertain World«, in dem sie ihre Bereitschaft zum Ersteinsatz noch einmal klar unterstrichen: »Bedauerlicherweise sind Nuklearwaffen – und mit ihnen die Option auf den Erstschlag – unentbehrlich, weil es einfach keine realistische Aussicht auf eine atomwaffenfreie Welt gibt.« Klaus Naumann u. a.: »Towards a Grand Strategy for an Uncertain World: Renewing Transatlantic Partnership«. Noaber Foundation 2007, S. 95 ff.

174 Deterrence and Defence Posture Review, NATO, 20.05.2012.

175 Michal Baranowski/Bruno Lete, 2016, S. 6.

176 Wikipedia: Nukleare Teilhabe. Auf: https://de.wikipedia.org/wiki/Nukleare_Teilhabe.

177 Hans Kristensen: »Adjusting NATO's Nuclear Posture«. Auf: FAS Security Blog, 07.12.2015.

178 Die Schätzungen über die Zahl der in Europa stationierten US-Atomwaffen variieren stark. Die letzte beziffert sie auf 180. Hans Kristensen/Robert Norris: »United States nuclear forces, 2016«. In: *Bulletin of the Atomic Scientists* 2/2016, S. 63–73, S. 64.

179 Amy Woolf: »Nonstrategic Nuclear Weapons«. Congressional Research Service, 23.02.2016.
180 Simon Galbert/Jeffey Rathke: »NATO's Nuclear Policy as Part of a Revitalized Deterrence Strategy«. *CSIS*, 27.01.2016.
181 Rede von Jens Stoltenberg bei der Münchner Sicherheitskonferenz, 13.02.2016.
182 Wesley Clark u. a., 2016, S. 7.
183 Matthew Kroenig: »Facing Reality: Getting NATO Ready for a New Cold War«. In: *Survival* 1/2015, S. 49–70, S. 51 und 64.
184 Elbridge Colby: »Russia's Evolving Nuclear Doctrine and its Implications«. *FRS* 01/2016.
185 »Die nukleare Abschreckung im neuen Kalten Krieg«. *Geopolitical Information Service*, 06.05.2016.
186 »Kostenexplosion bei US-Atombomben«. Auf: *Spiegel Online*, 16.05.2012.
187 »The US Nuclear War Plan: A Time for Change«. *Natural Resource Defense Council*, June 2001.
188 Keir A. Lieber/Daryl G Press: »The Rise of U.S. Nuclear Primacy«. In: *Foreign Affairs*, März/April 2006, S. 42–54, S. 50 f.
189 Dies.: »The New Era of Nuclear Weapons, Deterrence, and Conflict«. In: *Strategic Studies Quarterly* 1/2013, S. 3–12. Austin Long/Brendan Green: »Stalking the Secure Second Strike: Intelligence, Counterforce, and Nuclear Strategy«. In: *Journal of Strategic Studies* 1–2/2015, S. 38–73: »Sowohl während als auch nach dem Kalten Krieg haben die USA erhebliche Aufklärungskapazitäten entwickelt, um mobile Raketen und U-Boote aufzuspüren. Diese Anstrengungen haben wichtige und zu wenig beachtete Erfolge gezeigt. Zweitschlagskräfte sind weitaus verwundbarer, als die meisten Analysten zuzugeben bereit sind.«
190 Tom Collina: »The Unaffordable Arsenal«. Arms Control Association Report, October 2014.
191 Hans Kristensen: »Pentagon Portrays Nuclear Modernization As Response to Russia«. Auf: FAS Security Blog, 11.02.2016.
192 Hans Kristensen/Robert Norris, 2016, S. 63.
193 Jerry Sommer: »Neue Marschflugkörper – Droht ein Rüstungswettlauf zwischen Ost und West?« *Streitkräfte und Strategien*, 12.03.2016.
194 »Stationierung neuer US-Atomwaffen in Deutschland«. *frontal 21*, 22.09.2015.
195 »U.S. Becoming More Flexible on Missile Defense«. In: *Moscow Times*, 13.02.2013.
196 »A Real Threat from Iran? The Status Quo of NATO Missile Defense in Europe«. HSFK Policy Brief, 28.08.2014.

197 Keir A. Lieber/Daryl G Press, 2006, S. 52.

198 Fact Sheet: »U.S. Ballistic Missile Defense«. Center for Arms Control and Nonproliferation, 17.06.2014.

199 Arno Neuber: »Schild und Schwert: Aggressive Atompolitik und Raketenabwehr der NATO«. IMI-Analyse 2009/012.

200 Marcel Dickow u. a.: »Deutschland und die Nato-Raketenabwehr«. SWP-Aktuell Nr. 17/März 2016, S. 2.

201 Nik Hynek u. a.: »Missile Defense in Europe. Strategic, Political and Industriel Implications«. EU-Generaldirektion Externe Politik, Mai 2011.

202 Marcel Dickow u. a., 2016, S. 6.

203 »Nato erwägt Raketenabwehr gegen Russland«. Auf: *Spiegel Online*, 24.08.2014.

204 Marcel Dickow u. a., 2016, S. 3.

205 Michal Baranowski/Bruno Lete, 2016, S. 13.

206 Karl-Heinz Kamp: »Das atomare Element im Russland Ukraine-Konflikt«. BAKS-Arbeitspapier Nr. 3/2015.

207 »Russia – West Dangerous Brinkmanship Continues«. *European Leadership Network*, 12.03.2015.

208 »Pentagon nennt Abfangen von US-Spionagejet durch Russland ›Norm‹«. Auf: *sputniknews.com*, 09.09.2016.

209 Wolfgang Ischinger: »Das Russland-Paradox«. Münchner Sicherheitskonferenz, 03.07.2016.

210 Bulletin of the Atomic Scientists: »Doomsday Clock: Timeline«.

211 Michael Stürmer: »Nato-Beitritt könnte den großen Krieg auslösen«. In: *Die Welt*, 30.08.2014.

212 Hanna Pfeifer/Kilian Spandler: »The Responsibility to be Responsible«. In: *Wissenschaft & Frieden* 4/2014, S. 36–39.

213 Anna Geis: »Die Zivilmacht Deutschland und die Enttabuisierung des Militärischen«. In: HSFK-*Standpunkte* Nr. 2/2005, S. 2.

214 WACHSTUM. BILDUNG. ZUSAMMENHALT. Koalitionsvertrag zwischen CDU, CSU und FDP, 26.10.2009, S. 123.

215 Berichten zufolge plädierte Außenminister Guido Westerwelle scheinbar sogar für eine Ablehnung der Resolution 1973. Siehe: »Libyen-Enthaltung in der Uno: Wie es zu dem deutschen Jein kam«. Auf: *Spiegel Online*, 23.03.2014.

216 Gunther Hellmann: »Berlins Große Politik im Fall Libyen«. In: *WeltTrends*, September/Oktober 2011, S. 19–22, S. 22.

217 Joschka Fischer: »Deutsche Außenpolitik – eine Farce«. In: *Süddeutsche Zeitung*, 24.03.2011.

218 Markus Kaim: »Interventionsoptionen«. In: *Internationale Politik*, Mai/Juni 2012, S. 72–77, S. 77.

219 »Deutschlands Politik der Zurückhaltung«. Auf: *Deutsche Welle*, 05.03.2013.

220 Felix Seidler: »Strategisch handeln andere: Merkels außenpolitische Bilanz«. Auf: *Seidlers Sicherheitspolitik*, 31.08.2013.

221 Christian Nünlist: »Mehr Verantwortung? Deutsche Aussenpolitik 2014«. *CSS Analysen zur Sicherheitspolitik*, Nr. 149, März 2014, S. 2.

222 »Die Pickelhaube steht uns Deutschen nicht«. In: *Die Welt*, 10.11.2013.

223 »Neue Macht – Neue Verantwortung. Elemente einer deutschen Außen- und Sicherheitspolitik für eine Welt im Umbruch«. SWP/GMF, September 2013. Alle Zitate in diesem Abschnitt entstammen, sofern nicht anders ausgewiesen, diesem Dokument.

224 Norman Paech: »Für Frieden und Kooperation. Zum SWP/GMF-Papier ›Neue Macht – Neue Verantwortung‹«. Auf: http://norman-paech.de, 14.01.2014.

225 »Journalisten beraten Politiker«. Auf: *taz.de*, 20.02.2014.

226 Deutschlands Zukunft gestalten. Koalitionsvertrag zwischen CDU, CSU und SPD, S. 117.

227 »Union und SPD beerdigen Westerwelles Doktrin«. In: *Die Welt*, 19.11.2013.

228 »Kleine-Brockhoff wird Gaucks Planungschef«. In: *Süddeutsche Zeitung*, 18.07.2013. Dank an Clemens Ronnefeldt, der zuerst auf diese Verbindung hingewiesen hat.

229 Joachim Gauck: »Deutschlands Rolle in der Welt: Anmerkungen zu Verantwortung, Normen und Bündnissen«. München, 31.01.2014.

230 Weißbuch zur Sicherheitspolitik und zur Zukunft der Bundeswehr 2016, S. 22. Sofern nicht anders ausgewiesen, beziehen sich Seitenangaben in diesem Abschnitt auf dieses Dokument.

231 »Deutschland soll sich weniger einmischen«. In: *Süddeutsche Zeitung*, 20.05.2014.

232 Frank Deppe: Imperialer Realismus? Deutsche Außenpolitik: Führungsmacht in »Neuer Verantwortung«. Hamburg 2014, S. 9.

233 Uwe Krüger: »Immer einer Meinung. Wie Alphajournalisten die politische Debatte bestimmen«. In: *Blätter für deutsche und internationale Politik* 8/2016, S. 77–90.

234 Umfrage Außenpolitik: Einmischen oder zurückhalten? Auf: http://www.koerber-stiftung.de/internationale-verstaendigung/weitere-themen/umfrage-aussenpolitik.html.

235 »Mehrheit gegen NATO-Truppen in Osteuropa«. In: *Neues Deutschland*, 08.07.2016.

236 Interview mit Katrin Suder. In: Europäische Sicherheit & Technik, Februar 2015.

237 »Verteidigungshaushalt soll bereits 2016 um 1,2 Milliarden Euro steigen«. Auf: *augengeradeaus.net*, 17.03.2015.

238 »Von der Leyens 130-Milliarden-Wunschzettel«. Auf: *tagesschau.de*, 27.01.2016.

239 George Friedman 2015.

240 »What the BRICS plus Germany are really up to?« In: *Russia Today*, 27.02.2015.

241 George Friedman 2015.

242 Hans Kundnani: »Der deutsche Neoliberalismus und die Krise Europas«. In: *Blätter für deutsche und internationale Politik* 9/2016, S. 75–84, S. 75 f.

243 Jörg Kronauer: *Allzeit bereit. Die neue deutsche Weltpolitik und ihre Stützen.* Köln 2015, S. 95.

244 Statistisches Bundesamt: Außenhandel 2015, Wiesbaden 2016.

245 Thomas Wiegold: »Ukraine in München: Es gilt die gefühlte Temperatur«. Auf: *augengeradeaus.net*, 08.02.2015.

246 »Wir begrüßen die Führungsrolle Deutschlands in der NATO«. Interview mit US-Botschafter John B. Emerson. Auf: *bmvg.de*, 09.02.2016.

247 »Litauens Präsidentin sieht Deutschland in der Führungsrolle«. In: *Frankfurter Allgemeine Zeitung*, 07.07.2016.

248 Günther Hellmann: »Zwischen Gestaltungsmacht und Hegemoniefalle. Zur neuesten Debatte über eine ›neue deutsche Außenpolitik‹«. In: *Aus Politik und Zeitgeschichte* 28–29/2016, S. 4–12, S. 4.

249 Karl-Heinz Kamp: »Deutsche Einsätze sind heute Normalität«. In: *Der Tagesspiegel*, 23.11.2015.

250 Regierungserklärung von Bundeskanzlerin Merkel. Berlin, 07.07.2016.

251 »Vom verlässlichen Partner zum Impulsgeber«. In: *Frankfurter Allgemeine Zeitung*, 08.07.2016.

252 Roland Freudenstein/Ulrich Speck: *The Renaissance of the West. How Europe and America can Shape Up in Confronting Putin's Russia.* Brüssel 2015, S. 9.

253 Sam Perlo-Freeman u. a.: »Trends in world military expenditure, 2015«. SIPRI Fact Sheet, April 2016, S. 2.

254 ESS, 2003, S. 1.

255 Gemeinsame Vision, gemeinsames Handeln: Ein stärkeres Europa. Eine Globale Strategie für die Außen- und Sicherheitspolitik der Europäischen Union. Brüssel, 28.06.2016, S. 7. Die weiteren Seitenzahlen dieses Abschnitts beziehen sich auf dieses Dokument.

256 Jérôme Legrand: »Does the new EU Global Strategy deliver on security and defence?« DG EXPO, September 2016, S. 1 und 15.

257 Karl-Heinz Kamp: »Die Europa-Armee: Pro und Kontra«. BAKS-Arbeitspapier Nr. 4/2015, S. 2.

258 »Deutsch-französische Strategie zur Verteidigungspolitik«. Auf: *Deutschlandfunk*, 13.09.2016.

259 Jean-Marc Ayrault/Frank-Walter Steinmeier: »Ein starkes Europa in einer unsicheren Welt«. Auswärtiges Amt, Stand 27.06.2016.

260 Erneuerung der GSVP, Berlin, 12.09.2016.

261 Jean-Claude Juncker: Rede zur Lage der Union: Hin zu einem besseren Europa – Einem Europa, das schützt, stärkt und verteidigt. Straßburg, 14.09.2016. Hieraus auch die restlichen Zitate dieses Abschnitts, sofern nicht anders ausgewiesen.

262 Joint declaration, NATO Press Release (2016) 119.

263 Tim Schumacher: »Geopolitischer Sprengstoff: Die militärisch-machtpolitischen Hintergründe des TTIP«. IMI-Studie 2014/05.

264 griephan Briefe, 27.06.2016, S. 1. Auf: *griephan.de*.

265 Peter van Ham: »The Geopolitics of the TTIP«. Clingendael Policy Brief, No. 23, Oktober 2013, S. 1.

266 Heribert Dieter: »Das Ende des handelspolitischen Multilateralismus«. In: *Internationale Politik und Gesellschaft*, 04.05.2015.

267 »UK to veto EU ›defence union‹«. Auf: *EUobserver*, 17.09.2016.

268 »EU-Verteidigungsminister in Bratislava: UK vs. DEU/FRA«. Auf: *augengeradeaus.net*, 27.09.2016.

269 Andreas Rinke: »Die EU-Kanzlerin. Angela Merkel überträgt ihren Regierungsstil auf die europäische Ebene«. In: *Internationale Politik* 1/2011 (Online).

270 Eric Bonse: »Europa tickt deutsch«. In: *Blätter für deutsche und internationale Politik* 3/2015, S. 5–8.

271 Andrew deGrandpre: »Trump's call for ›safe zones‹ in Syria is met with skepticism at the Pentagon«. In: *Military Times*, 26.01.2017.

272 Andreas Mink: »Trumps General. Steve Bannon im Porträt«. In: *Neue Züricher Zeitung*, 05.02.2017.

273 Steve Bannon: »›We're going to war in the South China Sea … no doubt‹«. In: *Guardian*, 02.02.2017.

274 Ebd.

275 Benjamin Reuter: »›Wir werden in den nächsten zehn Jahren Krieg mit China führen‹: So denkt Trumps mächtigster Vertrauter«. In: *Huffington Post*, 02.02.2017.

276   Vladislav Inozemtsev: »This is what a deal could look like between Donald Trump and Vladimir Putin«. In: *Independent*, 03.02.2017.

277   »Washington's Cold War Containment Strategy Is Still Alive and Well«. *Stratfor*, 23.01.2017.

278   Philip Giraldi: »More About Russia and Less About Flynn?« In: *The American Conservative*, 16.02.2017.

279   »Neuer US-Sicherheitsberater McMaster: Trump entscheidet sich – und erntet Lob«. In: *Spiegel Online*, 21.02.2017.

280   »Trump will zurück zum Wettrüsten«. In: *Handelsblatt*, 24.02.2017.

281   »Nato plant mehr Manöver im Schwarzen Meer«. In: *Spiegel Online*, 16.02.2017.

282   »Trump fordert Rückgabe der Krim an die Ukraine«. In: *Spiegel Online*, 14.02.2017.

283   Rede von Mike Pence bei der 53. Münchner Sicherheitskonferenz, Februar 2017.

284   »Von der Leyen antwortet den USA: Wir haben verstanden«. In: *Süddeutsche Zeitung*, 15.02.2017.

285   »Merkel warnt vor ›kleinlicher Diskussion‹ um Militärausgaben«. In: *Spiegel Online*, 18.02.2017.

286   »Zoff um ›Mehr Sicherheit, weniger Soziales‹«. In: *Bild.de*, 21.02.2017.

287   »Schäuble zu höherem Verteidigungsetat: ›Den Spielraum dazu haben wir‹«. Auf: *augengeradeaus.net*, 20.02.2017.

288   Kai Küster: »Mehr Sicherheit mit einer europäischen Armee?« Auf: *Deutschlandfunk*, 14.11.2016.

289   Entschließung des Europäischen Parlaments vom 14. Dezember 2016 zur Umsetzung der Gemeinsamen Außen- und Sicherheitspolitik [2016/2036 (INI)].

290   »Weltmacht! Echt jetzt?«. In: *Zeit Online*, 17.11.2016. Gezeichnet von Jochen Bittner, Georg Blume, Gerhard Gnauck, Angela Köckritz, Matthias Krupa, Jörg Lau, Michael Thumann, Gero von Randow, Heinrich Wefing und Ulrich Ladurner.

291   Bettina Gaus: »Ende des Kuschelns«. In: *taz*, 08.02.2017.

292   Wolfgang Ischinger: »Einbinden, Einfluss nehmen« In: *Süddeutsche Zeitung*, 15.02.2017.

293   Rede von Angela Merkel bei der 53. Münchner Sicherheitskonferenz, Februar 2017.